山东省社科规划项目研究成果(项目批准号:22CGLJ37)

电子商务供应链管理理论、方法与实践

胡海清　著

中国矿业大学出版社
· 徐州 ·

图书在版编目(CIP)数据

电子商务供应链管理理论、方法与实践 / 胡海清著
.—徐州:中国矿业大学出版社,2022.12

ISBN 978-7-5646-5149-7

Ⅰ.①电… Ⅱ.①胡… Ⅲ.①电子商务—供应链管理
—研究 Ⅳ.①F713.36②F252.1

中国版本图书馆 CIP 数据核字(2021)第 202477 号

书　　名　电子商务供应链管理理论、方法与实践

著　　者　胡海清

责任编辑　侯　明

出版发行　中国矿业大学出版社有限责任公司

(江苏省徐州市解放南路　邮编 221008)

营销热线　(0516)83885370　83884103

出版服务　(0516)83995789　83884920

网　　址　http://www.cumtp.com　**E-mail**:cumtpvip@cumtp.com

印　　刷　苏州市古得堡数码印刷有限公司

开　　本　787 mm×1092 mm　1/16　**印张** 12.75　**字数** 215 千字

版次印次　2022 年 12 月第 1 版　2022 年 12 月第 1 次印刷

定　　价　55.00 元

引　言

为适应电子商务环境的要求，电子商务企业供应链需要具备“柔性”特征。现有柔性供应链的研究集中在绩效评价和柔性供应链实现方法的探索方面。在柔性供应链绩效评价研究方面，国外学者通常把供应链运作柔性和绩效联系起来[1-5]。在柔性供应链实现方法的研究方面，国内外学者对于单一企业或某些行业（汽车、纺织）的柔性研究，包括提高柔性和适应性[6-9]，保持大量的供应商、实现供应商柔性、提高供应商的响应性[10-13]，供应链合作伙伴关系[14-18]，延迟策略[19-20]，信息共享[21-25]等。由于研究对象的环境或行业具有差异性，柔性供应链研究得到的结论不尽相同。在电子商务背景下，市场呈现个性化需求特点，原有的供应链关键技术并不利于企业成本的控制与发展，从而对供应链上下游企业（包括消费者）的合作以及相应的供应链关键技术提出新的要求。

互联网背景下，市场需求呈现个性化、多变性、小众消费特点，企业需要采取小批量生产方式、快速响应市场，并采用柔性供应链来有效应对市场需求的变化。企业迫切需要一套适用于当前互联网市场环境的可操作性强的供应链管理方法和管理标准来规范供应链运作。而柔性供应链管理方法理论性太强，理论研究成果的碎片化严重影响了企业供应链管理的可操作性，美国供应链协会制定的供应链管理标准又无法满足当前互联网背景下的市场需求。

本研究以美国供应链协会制定的供应链管理标准为参照系，以柔性供应链管理理论为指导，结合山东韩都衣舍电子商务集团股份有限公司的供应链管理实践与互联网市场特点，从计划、采购、制造、交付和回收五个供应链流程，梳理电子商务企业的供应链管理标准与关键技术。

本书具体研究包括以下内容：

（1）以爆品为核心的线上产品特征；

（2）电子商务供应链理论相关研究；

（3）电子商务供应链关键共性特征；

（4）电子商务供应链关键共性技术；

（5）用户参与创新对市场需求及E-供应链收益的影响；

（6）电子商务供应链管理流程标准最佳实践研究。

胡海清

2022年10月

胡海清，1980年9月生，女，管理学博士，副教授，2012年毕业于南开大学管理科学与工程专业，主要研究领域为物流与供应链管理。具有3年500强企业中层管理经验和1年企业管理咨询经验，现就职于山东师范大学商学院。自2012年以来主持/参与国家级课题2项，主持省级科研课题4项、省级教研课题1项、厅级课题3项、政府及企事业单位委托课题10余项，已出版专著2部、译著1部，发表论文20余篇，获得3项省厅级奖励。

目　录

第一章　以“爆品”为核心的线上产品特征分析

第一节　线上产品结构

SKU(stock keeping unite,库存量单位)规模反映了企业商业模式的差异。沃尔玛的商品数量超过 20 000 个,而 Costco(开市客)只有 400 个,两者分别代表了“大而全”和“小而精”的商业模式。尽管线上渠道不受产品展示空间的限制,然而需求差异、信息超载等也会影响消费者对线上平台的偏好。例如,网易严选在创立之初以“严选”品牌的数百个 SKU 创造了首月成交额突破 3 000 万元、第一年营业收入同比增长约 157%的业绩,而随着 SKU 数量的不断增加(已增至 9 000 多个),网易严选营业收入的增长速度下滑明显。从网易严选产品结构转变的效果来看,“小而精”和“大而全”的产品结构并没有绝对的优劣之分。“小而精”有利于迅速创造品牌价值,“大而全”可以提供一站式购物服务,提升用户体验。企业对产品结构的选择依赖于企业发展的需要。例如,2020 年京东京造的商品不足 3 000 件,分属家纺家具、个护美妆、生活百货等 10 个大类 54 个小类,平均每个类目约有 55 件商品,而淘宝心选商品数量略超 1 000 件,分属于 8 个大类 46 个小类,平均每个类目不到 22 件商品。京东京造与淘宝心选都处在品牌建设阶段,更强调品牌价值的迅速创造。

“小而精”的产品结构要求所有产品都是“精品”,目的是将产品打造为“爆品”(爆款产品)。小米是典型的线上企业,用一年半的时间打造了爆款产品小米手机。随着小米手机不断更新升级,产品与品牌逐渐成熟,小米系列产品随后逐渐扩展到小米盒子、小米电视、小米路由器、小米移动电源、小米随身 Wi-Fi 以及各种小米家电衍生产品,其产品结构如图 1-1

所示。小米产品结构的发展过程主要是通过打造核心产品吸引消费者，同时激励用户参与创造，利用用户资源推进核心产品的迭代创新，继而吸引更多的消费者。当吸附数量达到一定效果之后，继续挖掘用户群体的相关需求，提供相关的衍生产品，用以维持供应链中的零部件供应商与制造商的稳定性。

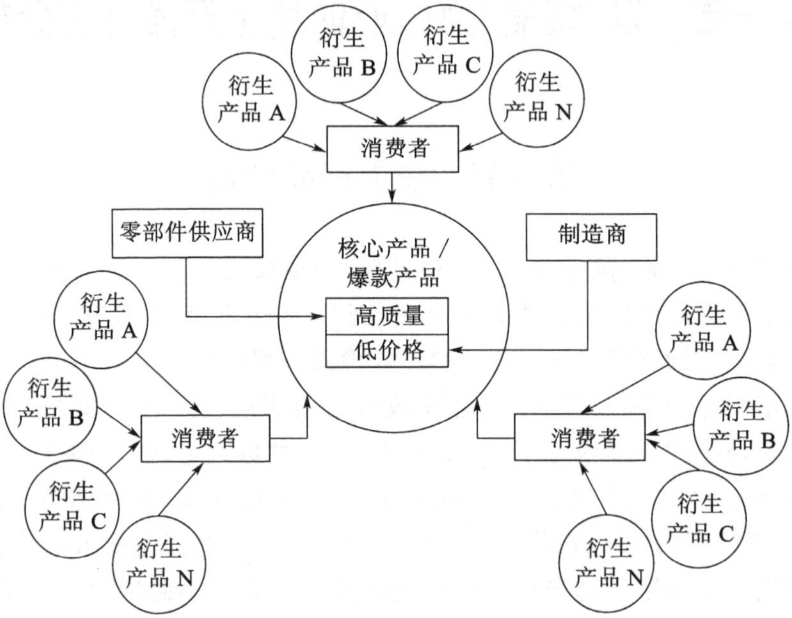

图 1-1　小米线上产品结构

为了说明爆品是线上产品结构核心的普遍性现象，作者又调研了个性化需求突出的服装行业。按照一般推理，个性化需求突出的服装行业产品销量集中度不会很高。通过对韩都衣舍某年春夏销售季产品的销量情况的分析，发现80%的线上产品销量仅仅由22%～28%的产品所贡献(图 1-2)。由此看来，爆品在线上产品结构中的核心作用具有一定的普遍性。Knapp等[26]通过对畅销书排行榜对需求的影响的研究分析出消费者具有观察性学习的能力，即排名越靠前的书籍越容易引发消费者的购买行为。考虑到流量对线上销售的重要性，爆品不仅是线上企业主要的收入来源，还会发挥“引流”的功能，产生流量溢出价值。

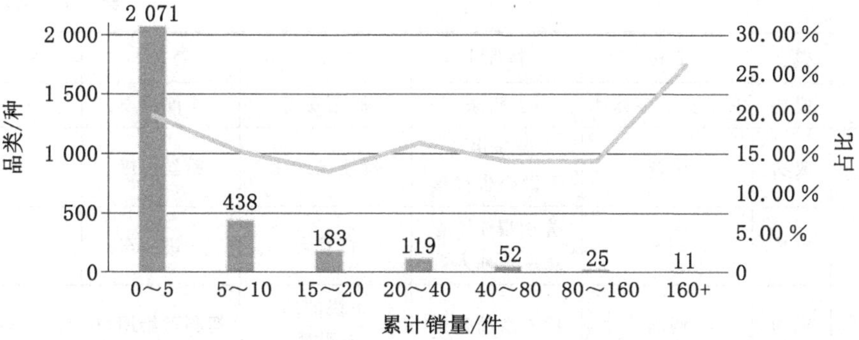

图 1-2　韩都衣舍某年春夏销售季产品销量概况

综上，线上产品结构分为“大而全”和“小而精”两种，其中“小而精”的产品结构有利于快速形成线上品牌价值。“小而精”的目的是打造线上爆品，依靠爆品的引流作用产生流量溢出价值。

第二节　爆品特征分析

一、爆品案例描述

本研究以金错刀所著的图书《爆品战略》中涉及的成功与失败的爆品案例为索引，再通过中国知网(CNKI)数据库全文检索产品名称或企业名称，得到相关的学术文献，同时将所收集的公司网站、中国电子商务研究中心以及新闻媒体上的报道资料，作为小米手机、滴滴打车、优衣库等产品/服务的补充与资料的三角验证。表 1-1 展示了爆品案例成功与失败的关键特征。

表 1-1　爆品案例成功与失败的特征描述

编号	类型	名称	特征 1	特征 2	特征 3	特征 4
1	成功	收视王于正	核心族群：“90 后”女生	画面美	天雷滚滚的剧情	心灵鸡汤
2	成功	Airbnb	核心族群：旅游发烧友	大数据	高逼格	社交电商

表 1-1（续）

编号	类型	名称	特征 1	特征 2	特征 3	特征 4
3	成功	头条女王范冰冰	上头条	标题女王	绯闻男友	—
4	成功	乐视	宁做新华社，不做广告代理	持续仪式化	粉丝引爆	—
5	成功	Uber	先引爆 1%的意见领袖人群	打官司	一键叫车	—
6	成功	滴滴	接入微信支付	跟快的的补贴秀	把利益给用户	—
7	成功	微信红包	一个极致的单品	杀手级应用	爆炸级的口碑效应	—
8	成功	亚马逊	用户体验屠夫	竞争情报组	一键下单	—
9	成功	小米手机	痛点：铁杆粉丝模式	尖叫点：跑分	爆点：事件营销	单品绝杀
10	成功	苹果 iPhone	杀手级硬件体验	杀手级软件体验	粉丝经济	逼格竞争力
11	成功	优衣库	减 SKU，靠爆品取胜	拼设计	变态级的技术流提升逼格	—
12	成功	爱空间	价值链动刀	20 天工期	699 元/平方米，一键装修	—
13	成功	实创	自我革命	价值链动刀：688 任性装	快速迭代	—
14	成功	科宝博洛尼	价值链动刀	砍加价率	尖叫产品	—
15	成功	酒仙网	爆品“三人炫”	定制加爆品	白酒价值锚	—
16	成功	e 袋洗	标准化改造：99 元/袋	共享经济做配送	—	—
17	成功	福特 T 型汽车	钒钢	技术革新	工业化	—
18	成功	华为	放空式学习	宝马能超越特斯拉	用“弯道超车”的方法做爆品	—
19	成功	九阳铁釜电饭煲	价值锚：3.1 斤纯铁内胆	用户购买行为观察	—	—
20	成功	美团	线上体验要口碑	线下体验要更强	大数据支持	—
21	成功	携程/去哪儿	流量杀手	高频	携程加去哪儿市值超过 150 亿美元	—

表 1-1（续）

编号	类型	名称	特征 1	特征 2	特征 3	特征 4
22	成功	宜家	强悍的流量产品	高逼格低价格	用户体验	—
23	成功	小米手环	把省电做到极致，30 天不充电	定位人体 ID 干掉屏幕	铝合金表层和腕带	—
24	成功	小米空气净化器	跑分	CADR 值	颜值高，花 1 000 万元做模具	—
25	失败	任天堂 Wii	爆品干掉爆品	交互界面的质变	被 iPhone 颠覆	—
26	失败	快书包	不锋利	“一小时送达”不是一级痛点	定位不清晰	—
27	失败	顺丰嘿客	产品不极致	投资巨大	用传统方法做 O2O（线上到线下）	—
28	失败	董明珠	霸道式转型	用户体验短板	流量运营短板	—
29	失败	诺基亚	易用性差	智能手机革命	抓不到用户痛点	—
30	失败	A & F	半裸男模失效	业绩下滑	缺乏创新	—
31	失败	凡客	有营销无口碑	凑热闹必死	质量严重下降	—
32	成功	Snapchat	阅后即焚	单点切入	高中生的大痛点	—
33	成功	APUS	国际化大风口	一年两亿用户	软件要够小	—
34	成功	余额宝	草根人群的理财痛点	量身定制	操作极简单	—
35	成功	腾讯马化腾	大数据挖痛点	用户体验	快速迭代	灰度机制
36	成功	小米插线板	高颜值，49 元	小巧	安全性	—
37	成功	小米移动电源	专注	把价格打到最低，69 元	死磕金属壳	—
38	成功	史玉柱	高级专家客服	每周访谈 50 个用户	投票法	—
39	成功	BEATS	死磕颜值	与明星合作	抱其他高逼格大牌的“大腿”	—

资料来源：根据金错刀所著的《爆品战略》整理，案例成功与失败的判定时间是 2016 年之前。

二、爆品关键要素提炼

本书对以上爆品案例进行了编码和整理，采用文本分析的规则对导致案例成功与失败的关键要素进行了编码，最终得到用户、质量、流量、产品独特性、价格、创新、成本、跨界、便利、速度、品类、数据等12个要素（表1-2）。

表1-2　要素提炼示例

要素	示例
用户	先引爆1%的意见领袖人群；用户体验屠夫；痛点：铁杆粉丝模式；价值锚：3.1斤纯铁内胆；草根人群的理财痛点；高级专家客服；核心族群："90后"女生；核心族群：旅游发烧友；用户购买行为观察；一年两亿用户；用户体验短板，每周访谈50个用户；等等
质量	杀手级应用；杀手级软件体验；线下体验要更强；一个极致的单品；把省电做到极致，30天不充电；等等
流量	上头条；流量杀手；强悍的流量产品；标题女王；高频；等等
产品独特性	爆品"三人炫"；钒钢；阅后即焚；死磕颜值；单点切入；小巧；等等
价格	标准化改造：99元/袋；高颜值，49元；价值链动刀：688任性装；高逼格低价格；把价格打到最低，69元；699元/平方米，一键装修；等等
创新	快速迭代；用弯道超车的方法做爆品；拼设计；技术革新；宝马能超越特斯拉；放空式学习；等等
成本	价值链动刀；自我革命；砍加价率；等等
跨界	抱其他高逼格大牌的"大腿"；接入微信支付；等等
便利	易用性差；交互界面的质变；一键叫车；操作极简单；等等
速度	20天工期；等等
品类	单品绝杀；减SKU，靠爆品取胜；等等
数据	大数据支持；大数据挖痛点；竞争情报组；等等

各要素在所有案例中出现的次数及先后顺序能够反映各要素对爆款产品案例成功与失败的影响程度，如图1-3所示。用户、流量、质量和产品独特性的影响程度最高，累计占比均高于70%。成功案例中各要素的贡献度如

图 1-4 所示，排在前四位的分别是用户、质量、流量和产品独特性，除质量和流量的先后顺序略有差异外，其余与总案例的情况相同；而失败案例中各要素对失败的影响程度由大到小分别是产品独特性、创新/流量、便利、用户、质量、品类和成本(图 1-5)。成功案例中的要素不一定是成功的充分条件，但失败案例中的要素可以认为是成功的必要条件，其排名也可以反映必要程度的高低。

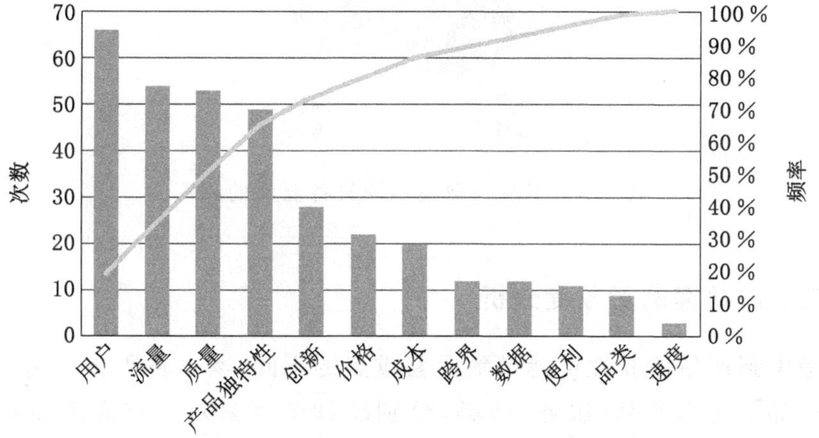

图 1-3　各要素在爆品案例中出现的频率

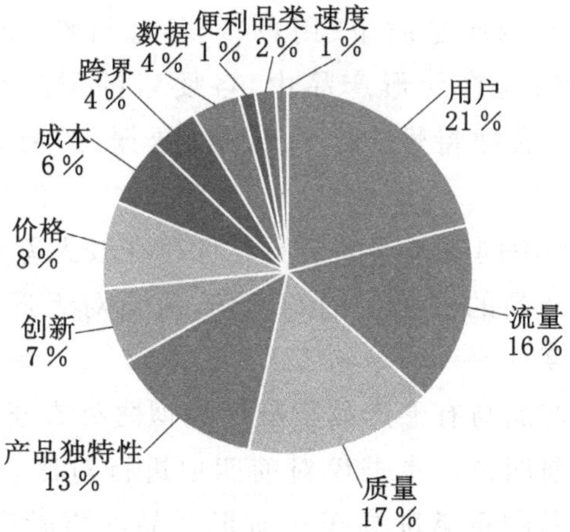

图 1-4　各要素在爆品成功案例中出现的频率

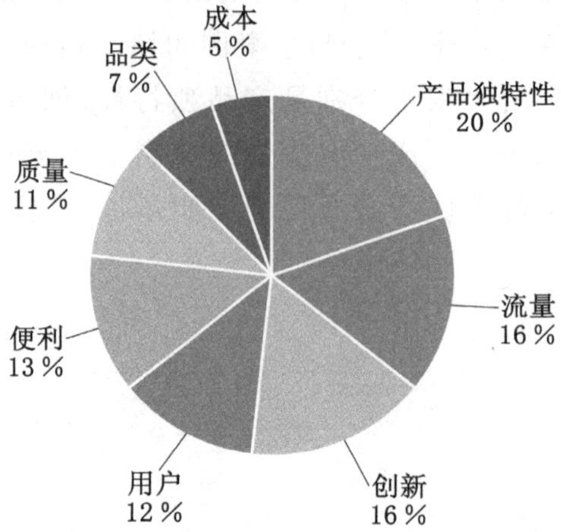

图 1-5　爆品失败案例缺失各要素的频率

三、成功案例贡献度分析

考虑到产品差异性可能导致运营重点的不同，本书将所有案例划分为有形产品与无形产品（服务）两类，分别统计各要素对于有形产品和无形产品成功的贡献度（即出现的频率），如图 1-6 所示。这样我们有以下发现：

(1) 各要素对不同类型产品的贡献度存在差异，在有形产品中，各要素的贡献度从大到小依次是质量、用户、产品独特性、流量、创新、价格、品类、成本/跨界、速度；而在无形产品中，各要素的贡献度从大到小依次是用户、流量、质量、产品独特性、成本、价格、数据、跨界、创新/便利、速度、品类。

(2) 个别要素对不同类型产品的贡献度存在较大差异，创新对有形产品的贡献度是对无形产品的贡献度的约 6 倍，流量对无形产品的贡献度高于对有形产品的贡献度。

各要素对无形产品与有形产品贡献度相似之处在于用户、质量、流量和产品独特性都排在前四位。本书仅对前四项进行对比，如图 1-7 所示，流量和用户对于无形产品的贡献度高于对有形产品的贡献度，而产品独特性和质量对于有形产品的贡献度高于对无形产品的贡献度。

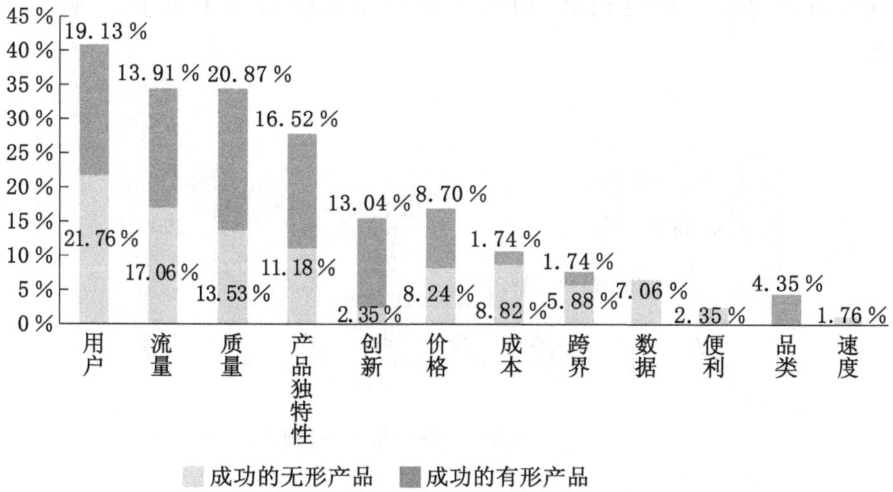

图 1-6　各要素在不同类型产品成功案例中出现的频率

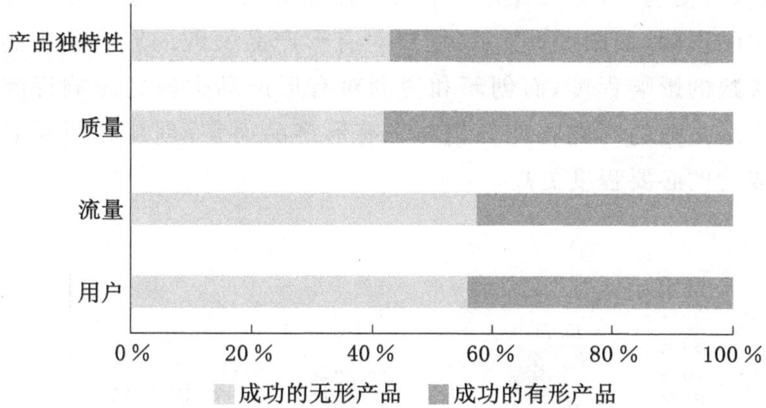

图 1-7　用户、质量、流量和产品独特性在不同产品类型成功案例中出现的频率

四、失败案例的影响程度分析

各要素对失败案例中有形产品和无形产品影响程度的差异如图 1-8 所示。产品独特性、品类和成本是导致无形产品失败的重要因素，而在导致有形产品失败的案例中并未出现这三个要素。同样，流量和质量在有形产品

失败案例中的影响程度较高，而在无形产品失败案例中也未出现这两个要素。

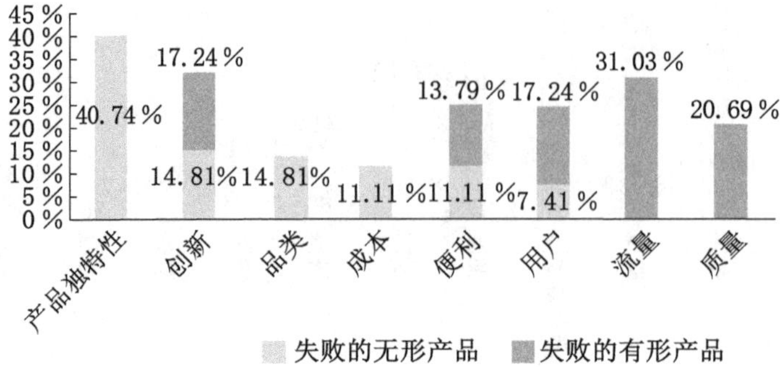

图 1-8　各要素在不同产品类型失败案例中缺失的频率

从图 1-8 可见，在无形产品与有形产品的失败案例中都产生重要影响的因素有创新、便利和用户。因此，本书单独分析三项共有要素在两种产品失败案例中的影响，如图 1-9 所示：用户对有形产品失败的影响程度高于对无形产品失败的影响程度，而创新和便利对有形产品失败的影响程度均低于对无形产品失败的影响程度。相对于有形产品而言，创新和便利对无形产品取得成功的必要程度更高。

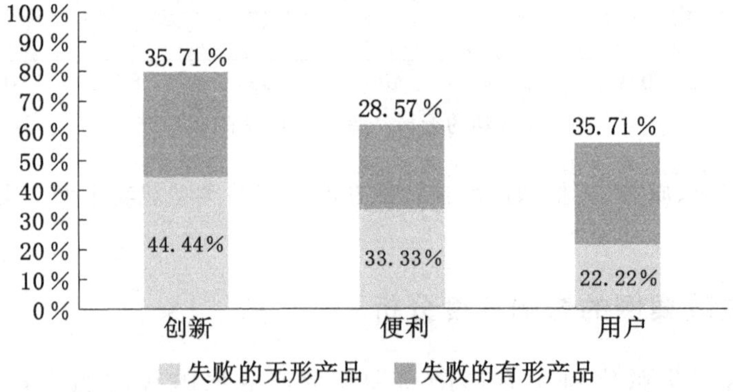

图 1-9　用户、创新和便利在不同类型产品失败案例中缺失的频率

第三节　爆品特征关联度分析

关联分析用于挖掘变量之间的关系，可以通过频繁项集和关联规则表示变量间的关联关系，并利用支持度和置信度衡量变量之间关联强度。唐中君等[27]利用关联分析对电影内容属性之间的关联关系进行分析，并通过销量区分了不同销售区间内具有关联关系的属性。本节将爆品分为成功与失败两组案例，利用关联分析分别挖掘成功与失败爆品案例的属性的关联关系。

一、关联分析流程

关联分析流程详见图 1-10。基于表 1-1 中的爆品属性，逐一判断案例是否具有该属性，一个案例形成一条记录，共形成 39 条记录。再依据爆品案例是否成功，将 39 条记录分为两组，分别是 32 条成功爆品案例记录和 7 条失败爆品案例记录。然后依据所有属性的支持度区间范围选择适当的支持度阈值。通过对候选项集支持度的判断生成频繁项集，由频繁项集构成增项候选项集，再以支持度阈值判断是否能够生成频繁项集，直到所有的候选项集都无法通过支持度阈值之后，终止筛选。计算最后一步生成的频繁项集的置信度与提升度，选择提升度大于 1 的频繁项集构建关联规则。

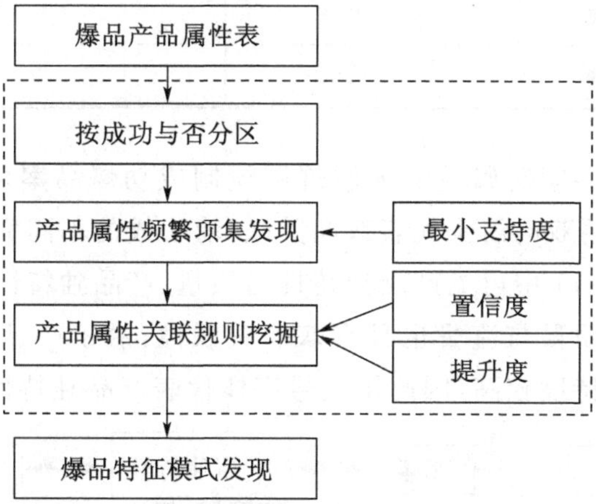

图 1-10　基于关联分析的产品属性关系模式挖掘流程

二、成功爆品属性关联分析

成功案例中所有属性的支持度范围是[0.03,0.44],中位数为0.16,众数为0.13,选择支持度阈值为0.15。计算Ⅰ项集的支持度,根据阈值形成候选Ⅱ项集,然后计算候选Ⅱ项集的支持度,依据支持度阈值再形成候选Ⅲ项集,由于候选Ⅲ项集的支持度无法通过最小支持度的阈值限定,因此,最终的频繁Ⅱ项集为{用户,产品独特性}和{质量,产品独特性}。计算频繁Ⅱ项集的双向置信度和提升度,如表1-3所示,成功爆品案例属性的关联规则为:① 质量与产品独特性具有双向关联性,且双向支持度与置信度均为16%和45%;② 产品独特性蕴含用户的支持度与置信度分别为16%和45%;③ 用户蕴含产品独特性的支持度与置信度分别为16%和36%。

表1-3 成功爆品案例属性关联规则

频繁Ⅱ项集	支持度	置信度	提升度
质量→产品独特性	0.16	0.45	1.32
产品独特性→质量	0.16	0.45	1.32
产品独特性→用户	0.16	0.45	1.04
用户→产品独特性	0.16	0.36	1.04
流量→质量	0.09	0.38	1.09
质量→流量	0.09	0.27	1.09

依据成功爆品案例属性的关联规则绘制成功爆品案例属性关联情况,如图1-11所示,用双向箭头代表双向关联,箭头线的不同宽度代表支持度大小的不同,从图1-11中可见产品独特性与质量、产品独特性与用户都具有双向关联性,同时,质量与流量也具有双向关联性,由于产品独特性与质量和用户关联性的支持度较高,因此用大号字体代表产品独特性的特殊性。

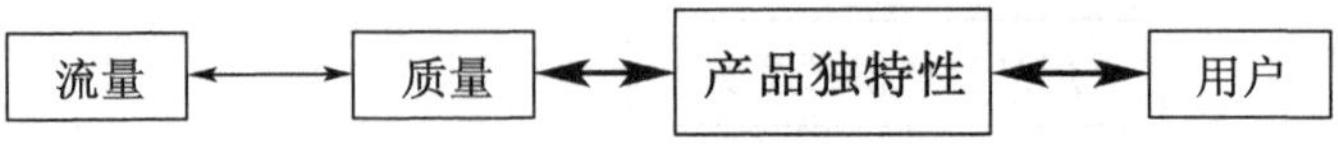

图1-11 成功爆品案例属性关联情况

三、失败爆品属性关联分析

失败案例中所有属性的支持度范围是[0.00,0.57],中位数为0.14,众数为0,选取的支持度阈值与成功爆品属性支持度阈值相同。计算Ⅰ项集的支持度,根据阈值形成候选Ⅱ项集,然后计算候选Ⅱ项集的支持度,依据支持度阈值再形成候选Ⅲ项集,由于候选Ⅲ项集的支持度无法通过最小支持度的阈值限定,因此,最终的频繁Ⅱ项集为{成本,创新}和{产品独特性,创新}。计算频繁Ⅱ项集的双向置信度和提升度,如表1-4所示,失败爆品案例属性的关联规则为:① 成本蕴含创新的支持度与置信度分别为29%和100%;② 产品独特性蕴含创新的支持度与置信度分别为29%和67%;③ 创新蕴含成本的支持度与置信度分别为29%和50%;④ 创新蕴含产品独特性的支持度与置信度分别为29%和50%。

表1-4　失败爆品案例属性关联规则

频繁Ⅱ项集	支持度	置信度	提升度
成本→创新	0.29	1.00	1.75
产品独特性→创新	0.29	0.67	1.17
创新→成本	0.29	0.50	1.75
创新→产品独特性	0.29	0.50	1.17

依据失败爆品案例属性的关联规则绘制失败爆品案例属性关联情况,如图1-12所示,用双向箭头代表双向关联,箭头线的不同宽度代表支持度大小的不同。从图1-12中可见创新与产品独特性、创新与成本都具有双向关联性,因此用加粗的大号字体代表创新属性的特殊性。

图1-12　失败爆品案例属性关联情况

四、爆品特征模式发现

基于表1-3和表1-4得到的关联规则可以发现,成功案例中的爆款产品的产品独特性关联较多,关注产品独特性的爆款产品同时也突出产品质量和用户的重要性。关注质量的爆款产品同时在产品独特性方面表现也很优秀。而在失败案例中爆款产品的创新特征关联较多,在创新方面表现不佳的产品,在成本和产品独特性方面的绩效也较低;同时,成本控制不好,产品独特性不足的产品的创新绩效也较低。Sorensen 等[28]通过对畅销书的研究,发现爆款产品要具备足够的创新性并通过权威认证获得合法性。综上,爆款产品成功的共有属性是产品独特性、质量和用户;而失败的共有属性是创新、产品独特性和成本。由于产品独特性既出现在成功案例的共有属性集中,又出现在失败案例的共有属性集中,所以,产品独特性很可能是影响爆款产品成功与否的关键属性。

产品独特性属于创新的概念范畴,可以评价创新的新颖程度。产品独特性是指能够解决消费者需求痛点或是配置新功能、新特征或新属性,提高用户价值,增加用户口碑,促进重复购买的特性[29]。产品独特性是产品的核心属性,客户价值是产品属性的加权函数[30],产品独特性能够反映客户价值的实现程度,因此,产品独特性是线上爆品成功的必要条件之一。

第四节　爆款产品的产生路径

用户、流量、质量和产品独特性是爆款产品取得成功的重要因素,产品独特性是成为爆款产品的关键必要条件。使产品具有独特性的首要任务是掌握大众消费者的关键需求。企业可以从还未被满足的需求中挖掘关键需求,例如“阅后即焚”。爆款产品的打造路径如图 1-13 所示。

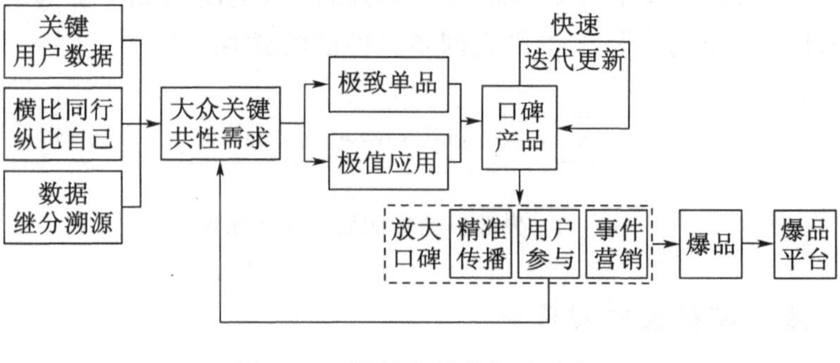

图 1-13　爆款产品的打造路径

(资料来源:根据《爆品战略》[31]整理)

首先，要挖掘大众消费者的关键需求；其次，以高质量、低成本组织供应链生产；再次，通过线上互动和用户口碑促进销售，并通过精准传播、用户参与和事件营销放大口碑效应；最后，通过用户参与不断更新迭代提升产品性价比。

第二章　电子商务供应链相关研究

第一节　线上消费者特征相关的运营研究

一、购买前无法准确判断产品价值与自身偏好的匹配

信息不对称使消费者在购买前无法判断产品价值与自身偏好的匹配情况，通过事前产品信息传递技术的投资升级与事后承诺退款退货的联合策略可以破除消费痛点。不同的事前策略其投入成本与效果存在差异（如表 2-1 所示），在此背景下，殷哲与付宇佳[32]刻画了网络零售商基于产品价值与消费者偏好的内生匹配概率决策模型，研究发现事前技术投资与事后退货承诺的联合策略在事前技术投资成本系数较高但不过高时适用，否则盲目地采用事后策略会对事前策略产生互斥作用，从而降低盈利，尤其是当消费者在自身偏好与产品不匹配时的损失较高以及退货罚金比例较低时，互斥作用更突出。

表 2-1　提升消费者产品价值与自身偏好匹配度的事前策略

事前策略	投入成本	产品信息传递效果
开放产品评论	最小	一般
“先试后买”	较高	较全面
虚拟现实技术	适中	适中

消费者在购物前的价值不确定性，导致电子商务退换货率为 40%左右。范丹丹等[33]研究了退货率对品牌商 O2O（线上到线下）渠道选择的影响，发

现较高的网络渠道退货率将导致较高的网络渠道定价。若 O2O 渠道不能降低网络渠道退货率，则运营成本低且退货率高的品牌商适合开设 O2O 渠道；若 O2O 渠道能降低网络渠道退货率，则运营成本低，或运营成本高但运费低，或运营成本高、运费高且退货率高，这三种情形下品牌商应开设 O2O 渠道。如果消费者是风险厌恶的策略型消费者，那么对新产品的预售来说，设定较低的预售价格，并且提供退货服务可以提高零售商的利润[34]。当消费者退货成本较低时，退款保证会使线上零售商提高产品销售价格，消费者需要为退款保证服务支付一定的溢价[35]。张旭梅和金亮[36]在消费者退货成本信息不对称的情况下，考虑线上零售商提供退款保证下可能存在的消费者退货行为，发现提供退款保证能够使零售商拥有信息优势而获得额外收益，但却不一定能有效提升消费者剩余。

二、策略型消费者

策略型消费者是指在进行消费决策时会平衡打折季前产品售罄风险与打折季时低价买入获益的消费者。陈志松和方莉[37]在考虑策略型消费者的情况下，研究了不同 O2O 模式对企业获利的影响，研究发现收益共享契约可以协调 O2O 供应链，全渠道购物模式能给供应链及其成员带来更多的利润，而纯线上模式和纯线下模式能给策略型消费者带来更高的效用；制定较高的自提补贴和较低的折扣价格，有利于提高供应链及其成员的运营绩效；增强产品及其相关服务的实际体验效用，有利于提高供应链整体及其成员的运营绩效，有利于提高战略顾客的净效用。

研究发现卖方的频繁降价促销和退货策略会导致消费者表现出策略性等待购买和退货行为。王宣涛等[34]在考虑具有损失厌恶的策略型消费者的情况下，研究提供退货的预售价格决策优化，发现由于策略型消费者的损失厌恶，零售商不得不降低预售期产品的价格。当预售期结束后的退货价格不高于某一特定值时，退货策略的实施能够使零售商获得更高的收益，并且存在一个最优的退货价格，使得退货模式下零售商的期望利润达到最大值。王叶峰等[38]研究发现，在进行预售决策时，如果卖方产能有限且退货再处理成本足够低，那么当预订需求较小且低于卖方一半产能时，预售与常规销售的退货保证机制相结合能够使卖方获得最优期望利润；而当预订需求较高且超过卖方一半产能时，卖方适合采用单一预售策略，不需要提供任何退货保证。

三、额外消费

将消费者引流到线下门店可以产生额外消费,这种额外消费在装饰、娱乐等体验性强、更易触发消费者购物冲动的品类中数量更多,数额更大[39]。消费者存在渠道偏好和渠道转移行为,并且会影响定价和服务决策[40-41]。范辰等[42]研究顾客线上交易线下提货(BOPS:buy online and pick up in store)模式中的定价和服务合作,认为顾客在线下提货时会产生额外的消费,从而提高线下店铺的获利水平。额外消费程度的提升对系统收益的改善不受是否采用 BOPS 模式的限制,在采用 BOPS 模式时的系统收益涨幅更明显;而在有限的额外消费情况下,线上线下渠道独立定价策略优于在 BOPS 模式下统一定价的策略。

四、从众行为

消费者的决策不仅受自身购买意愿的影响,也会受其他消费者的影响[43],如万晓榆等[44]研究发现电商平台销量信息对消费者注意力和产品选择均有显著的正向影响,影响程度会受产品类型的调节,相对于象征性产品,功能性产品的调节作用更突出。亚马逊基于消费者具有从众行为的理论,鼓励消费者利用社交网络平台,如 Facebook、Twitter 和电子邮件等方式进行产品分享,利用“聚集效应”和“从众心理”的作用来促进销售。

在从众行为对双渠道定价决策的影响方面,张爱凤等[45]以渠道消费者所占比例会增加消费者的效用反映消费者的社交需求,刻画消费者对渠道的偏好,研究发现社交对具有垄断零售商的双渠道最优定价及利润具有影响。以渠道消费者所占比例正向影响需求的形式刻画消费者的社交需求,其实质也是消费者的从众行为,因此社交对双渠道定价决策的影响也是从众行为对双渠道定价决策的影响。

关于从众行为对线上企业创新决策的影响研究发现,消费者会购买具有较大销售数量的先发者产品,而不会选择价格更低但销售量少的跟进者产品,因此产品创新具有先发优势。消费者的从众行为可以缓解熊彼特效应中竞争加剧阻碍产品创新的影响,结合 B2C(企业对消费者)平台搜索排名机制,能够保障商家在竞争者模仿创新的情况下,仍然可以获得创新租金，可以保证产品创新的先发优势[46]。只要创新先发企业不断推出新产品，在消费者的从众行为以及电商平台的运行机制的双重作用下，就会拉开与竞争对手的距离，强化竞争脱离效应①。基于此，郑称德等[47]认为竞争强度不会负向调节产品创新倾向对电子商务企业绩效的影响。

五、消费者参与的信息价值

消费者在购物决策中会非常重视产品评价，因此各大电商平台与店铺都鼓励消费者能够反馈信息。电商平台从平台治理目标出发，为了避免"柠檬市场"的形成，鼓励消费者提交中肯的评价。而店铺从自身利益出发，希望消费者提交正面评价，正向口碑可以吸引其他用户，降低新客户获取成本[48]，因此，店铺采取好评返现甚至是刷单的措施，引导消费者提交有利于店铺的信息。这些信息损害了消费者对评论的信任度[49]，尽管实验研究发现当消费者对产品满意时，奖励计划能提高消费者的好评意愿和店铺评价，否则奖励计划会降低消费者的好评意愿和店铺评价[50]，然而信息扭曲还是会让消费者需要内容更丰富、数量更多的评论信息才能进行决策，增加了消费者线上消费的成本，恶化了在线信任环境。

对于消费者参与的信息价值的研究主要以产品类型差异、评论信息内容和形式为主展开，将产品分为体验品和功能品，挖掘评论者的情感和评论主题，以评论的形式为主反映评论的质量等，研究消费者参与信息对消费者决策、店铺销售收入和消费者满意度等的影响。例如，李磊等[51]研究发现体验品的在线评论情感极性分布对淘宝店铺和天猫店铺的销售收入均有显著负面影响。曹裕等[52]研究休闲食品的在线评论对消费者购买决策的影响，发现评论质量、产品卷入度、在线评论卷入度、评论相似性对购买决策具有

① 熊彼特效应认为，企业创新是为了获得垄断地位，具有垄断地位的企业面临低的不确定性，产品创新更容易通过超额利润获得 R & D(研究和开发)投资回报，但如果竞争加剧，企业获得的租金减少，则会阻碍产品创新。阿劳效应则认为，虽然占据市场份额大的企业会先发创新，但行业市场竞争的加剧会激发其他企业的创新行为。Hashmi(2013)用竞争脱离效应解释了该争议，他认为在低强度竞争情况下，与竞争对手技术力量相似的的企业率先投资 R & D 创新产品能够获得创新前后的差额租金，当落后者纷纷跟随进行产品创新时，会提高新产品市场的竞争强度而导致落后者的创新租金很低；率先创新者可将获得的创新租金继续投入 R & D，不断推出新产品，由此逐步拉大与落后者的技术差距，落后者由于所获租金不断减少将会放弃产品创新。

显著正向影响，评论者资信度对购买决策影响不显著；矛盾性与评论效价对消费者购买决策的影响存在差异，当消费者认为在线评论对购买决策影响较小时，矛盾性对消费者购买决策具有正向影响，反之为负向影响；而当食品口味评判标准差异较大时，评论效价对消费者购买决策并无显著影响，当评判标准趋于一致时，评论效价正向影响消费者购买决策。赵宇晴等[53]基于模糊理论和情感分析，通过在线评论数据获取用户需求实现信息，进行用户需求-满意度量化评价。

对于好评返现的动机研究方面，徐兵和张阳[49]以好评返现和差评偏好的体验型产品在预售与正式销售期的两阶段定价决策，发现只有产品质量中等的销售商才会采取好评返现策略；好评返现提高了正式销售阶段的市场份额和售价，导致消费者效用损失；消费者越重视差评信息，实施好评返现的高(低)质量产品销售商就会越多(少)，且销售商利润将下降。

六、消费者效用受网络外部性影响

直接网络外部性和间接网络外部性都会影响消费者线上消费的效用。直接网络外部性的影响体现在消费者会偏好累积销量高的产品[44,54-55]，累积销量可以提高消费者线上消费的可靠性与安全感，因此会增加消费者的效用；间接网络外部性的影响体现在消费者会偏好品类数量丰富的平台，由于产品多样性能够满足消费者的异质性需求，“一站式购物”可以增加消费者的体验价值[56-57]，因此平台产品多样性会增加消费者的效用。

七、消费的及时性

线上购物环境无法满足及时消费的需求，而一项针对公司管理层回复及时性对投资者投资决策影响的实验研究发现，相对于公司管理层的不及时回复，在公司管理层及时回复的情况下，投资者的投资可能性更高；公司管理层回复的明确性调节了公司管理层回复的及时性与投资可能性之间的关系[58]。尽管研究场景具有差异性，但是需求及时满足的心理学理论基础相同，快递速度也是消费者进行消费决策的考虑要素[59]。满足及时消费需求的策略主要包括提供 O2O 模式，由此衍生出全渠道管理[37,39]、全渠道营销、全渠道定价[45]和构建快速响应供应链等问题。

八、对价格歧视的厌恶

考虑消费者价格歧视厌恶的动态定价模型通过构造转移概率矩阵推导在线消费者浏览到耐用品的不同价格状态下的概率，根据消费者多阶段效用函数分析消费者的购买决策行为，以零售商利润最大化为目标确定最优定价策略集合。研究发现，当效用折扣因子高时，零售商应该降低促销频率和高价格并且提高低价格，从而诱导高端消费者在高价格购买产品，同时折扣效用因子大小还决定了网上零售商是否要隐藏自己的促销概率[60]。

第二节　电子商务市场竞争特征相关的运营研究

一、平台间的竞争

平台间的竞争以垄断为目的，以低价、免费甚至补贴作为主要竞争方式，以吸引平台用户的参与为核心。

平台企业可以通过用户锁定、技术锁定和销售锁定获得先行优势，然而受有限理性的约束与自由竞争的影响，企业从初始状态就持续保持竞争优势是小概率事件[61]。平台企业短期内以追求利益最大化的策略塑造了其无法控制的产业架构，其中蕴含、诱致了各种有利或有害于企业前期能力或网络杠杆强度的因素，同时，竞争对手的模仿与创新会对平台企业的地位形成极大的挑战。在位企业可以采取多元化战略，以利用多重网络杠杆的协同作用应对竞争，但这并不是在位企业保持竞争优势的充分条件。杨卓凡和石勇[62]通过对电子商务盈利能力的研究发现，资产规模过大对传统电子商务企业的盈利能力具有削弱作用，而市场集中度和移动电子商务的发展则对传统电子商务企业盈利能力具有推动作用。移动电子商务业务也是电子商务平台多元化的一个表现，从长期来看，平台竞争的演化结果是形成分层垄断的市场结构。

以吸引用户参与为核心的竞争重点是提升电子商务平台的吸附能力。池毛毛等[63]研究发现平台柔性、正式控制和关系控制会显著影响电子商务平台的吸附能力，此外，平台柔性与正式控制存在替代效应，而与关系控制存在互补效应，同时正式控制和关系控制也存在互补效应。

二、平台内的竞争

平台内的竞争主要包括平台店铺对平台用户、空间等资源的争夺,也包括平台店铺之间对外部用户资源的争夺。对内部资源的争夺主要表现形式是打造爆款产品获得空间与流量,进而获得平台用户。大数据支撑下的精准营销是使企业的拳头产品成为爆款产品的重要手段。目标客户线上行为与线下区域的精准定位是精准营销的重中之重。平台店铺可以通过目标人群画像确定目标受众,然后通过锁定相关搜索词[64],定向潜在目标受众,通过跨屏[65]技术,精准定位目标受众所使用的 App 类型,并依据其上网习惯进行广告的精准投放,通过 IP 定向锁定目标区域,实现线下广告的精准投放。精准营销搭建了产品与需求的匹配通道,提高了流量质量,推动了精品到爆品的转化效率。

三、进入门槛低,模仿竞争激烈

线上消费的需求信息更新的可得性与及时性较高,因此根据需求信息的更新及时调整采购、生产、存货与销售的计划是提高线上运营能力的关键。同时,这一特点也加快了创新被模仿的速度,通过多重创新,可以发挥创新的累积效应,使企业在产品层面获得一系列较高的销量和短暂的垄断地位[66]。

四、竞争对平台销售模式选择的影响

以电商平台为主导的两个竞争供应商的平台销售模式的选择依赖于供应商的服务效率,销售模式一般分为寄售模式和经销模式,寄售模式根据平台收费固定与否又可进一步细分。赵菊等[67]发现当供应商的服务成本较低、服务敏感度和服务竞争敏感度较高或价格敏感度和竞争强度较低时,均衡策略为两个供应商均选择寄售模式;当这些因素适中时,一个选择寄售模式一个选择批发模式,否则,均选择批发模式。孙书省等[68]研究了线下渠道权力对制造商线上销售模式选择的影响,发现平台佣金较低时,制造商都应选择寄售模式,且该模式选择不受线下渠道权力的影响;而当平台佣金较高时,若线下垂直权力对等,则制造商应选择经销模式,若制造商主导线下,则制造商应该选择寄售模式。

电子商务环境下有时会存在交叉竞争供应链，即每个供应商将产品同时提供给两个平台商，每个平台商同时与两个供应商合作。在假设两个供应商对同一平台商会选择相同渠道结构的条件下，李晓静等[69]针对平台商的渠道模式选择进行研究并发现当平台商选择分销渠道时，竞争对手的渠道选择严重依赖于产品竞争强度和平台商竞争强度；当平台商选择直销渠道时，竞争对手的渠道选择不受任何因素影响；当产品竞争与平台商竞争都相对较弱时，平台直销实现了供应链所有成员的利润最大化。

五、促销活动频繁

线上激烈竞争与销量对流量的依赖导致了频繁的促销活动。[70]促销活动以价格折扣为主，要求供应链根据促销活动频繁调整价格。线上产品销量的提高一般也主要依靠促销活动，因为随着线上消费经验的积累，策略型消费者的比例越来越高，越来越多可以延迟的需求被暂存起来，等待合适的促销时机来满足需求。图 2-1 展示了某快时尚电商品牌在某年春夏销售季中日销量的情况，从图中可见销量呈现一定的周期性，在每个周期中销量都表现为急速递减的特征，通过对该变化发生时点销售策略的追溯，发现在该时点均有不同程度的促销策略，且促销幅度和范围对于销量的变化具有重要的影响。该图对于电商企业促销活动的频次以及在电子商务环境中消费者的策略型行为能够提供一定的证据支持。

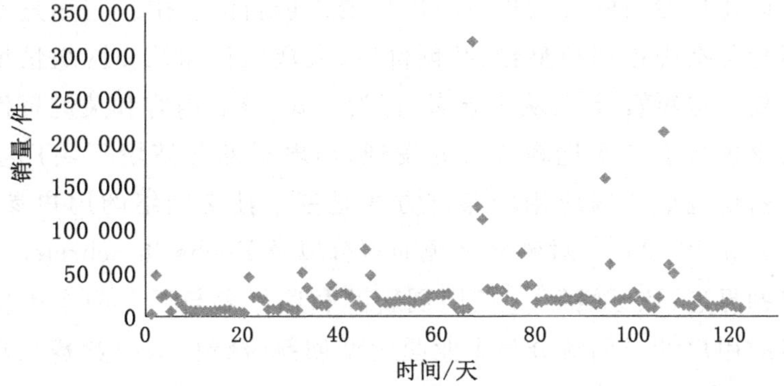

图 2-1　某快时尚电商品牌在某年春夏销售季日销量情况

第三节　电子商务企业组织特征相关的运营研究

一、开放型组织

开放型组织的特征表现为企业组织边界的扩展、组织职能结构的变更和治理机制的调整。电子商务环境下越来越多的企业由科层组织转变为开放式平台，通过供应商参与和用户参与等方式，突破企业边界限制，由有界组织转变为无界组织。企业职能结构由串联式向并联式转化，在研发过程中就进行制造与销售，产品永远是 Beta 版（测试版），通过用户参与创新持续改善产品功能、特征与质量。企业通过不断提升的用户价值创造更好的口碑，吸引更多的流量；以持续创新策略产生竞争脱离效应，不断收获创新租金。开放型组织的企业治理以创新项目为基本单元，以风险投资和品牌共建与共享为抓手，形成平台型组织的管理逻辑。在平台型组织的管理逻辑下，只要创新或创业项目符合企业的风险投资要求与品牌发展定位，就会获得平台的风险投资，获得品牌使用授权，因此平台型企业组织边界的延伸不应局限于供应链的上下游，任何企业或非企业员工参与的创新团队都可以成为开放型平台组织的基本单元。

二、以创新牵引组织边界扩展

企业以用户参与的方式将下游用户纳入创新活动中。与用户参与创新相关的概念包括虚拟用户整合、共创价值、大众创新和社交网络情境下的用户参与创新。焦媛媛等[71]从主导者、行为方式、核心内容和关键资源等方面对这些概念进行了依次比较。研究发现，与电子商务情境下用户参与创新关系最为密切也最普遍应用的参与方式是基于社交网络的用户参与创新。借鉴 Gangi 和 Wasko[72]对创新来源的划分以及 Fuchs 和 Schreier[73]对用户创新赋权的界定，焦媛媛等[71]按照创新源和用户参与程度两个维度将基于社交网络的用户参与创新分为企业激励型创新（众包、知识竞赛）、自组织型创新（虚拟创新社区、创客论坛）、用户配合型创新（创新工具箱、大规模定制）、数据驱动型创新（大数据分析、网络志）四类。根据刺激-机体-反应理论，用户参与创新的前因分为外部影响因素的刺激和用户动机，前者包括创新任务因素(任务收益、风险、复杂程度、所需努力)、技术环境因素(系统流畅性、安全性、开放性)和关系因素(社区氛围、用户关系、网络位置);后者包括外在动机(报酬、声望、地位)和内在动机(好奇、自我尊重、利他、自我效能感)。基于社交网络的用户参与创新可以通过信息资源的提供者和共同开发者两种参与形式[74]来提升产品创新性、市场份额和利润[75]。

在众筹方式推进创新转化和创新扩散的研究方面,关于众筹中如何激发产品创新的问题,曾江洪等[76]研究发现通过发起者学习、支持者学习和信息交互实现主体互动,共同策划、共同设计、共同测试和共同推广等价值共创形式与产品创新紧密相关,主体互动推动价值共创过程从而实现包括功能创新和形式创新在内的产品创新或服务创新。关于面向创新的众筹如何提升用户参与度的问题,陶晓波[77]研究发现感知利益、知觉风险、平台声誉和信任倾向四者均显著影响众筹投资人对筹资者的信任,并经由信任和承诺的中介效应最终作用于参与度,其中平台声誉和信任倾向二者的影响程度相对较高。

三、E-供应链结构、治理与绩效

制造商、电商平台和消费者构成了E-供应链,制造商可以选择寄售模式和经销模式,在不同的模式下,制造商与电商平台的合作关系不同,策略存在差异。王玉燕和于兆青[78]构建的E-供应链的合作模式为制造商提供产品信息,电商平台发布产品信息,消费者从电商平台下单,制造商负责订单履行,平台收到货款扣除佣金之后向制造商支付货款。这种模式与寄售模式类似。研究发现掌控E-供应链主导权的一方能够获得更高的收益,且佣金协调机制可以实现系统的协调。

四、O2O渠道组织

O2O渠道对线上购物的影响因素有信息[79]、交通[80-81]、消费者购物习惯[82-83]以及线上线下定价决策[84-85]、服务决策[39,84]等。

在O2O渠道设立条件方面的研究有:金亮[86]在考虑退款保证的情形下发现仅当产品符合消费者需求的概率较大时,采用O2O渠道才能有效提升制造商利润水平和消费者剩余。王长军等[87]在考虑不同产品属性的O2O渠道整合情形下,发现体验性弱的产品,O2O管理重点在于构建高效物流功能;而体验性强的产品,应侧重于降低消费者购买门槛;渠道整合并不能显著增加需求总量,却改变了需求结构,并有助于降低物流总成本;渠道整合应侧重于消费者时效要求强、运输和缺货成本高的产品。

在 O2O 渠道服务合作方面的研究有:在线下自营且需求仅与服务水平有关时,仅当线下或线上一方提供服务时,无论需求是否迁移,O2O 利润均可达到最优。当线下和线上都提供服务时,只有需求不迁移的情形可实现 O2O 系统最优。[88]毛照昉等[89]考虑线下渠道为线上消费者提供售后服务的双渠道定价决策,研究发现两部制定价能使双渠道在整体利润最大化的基础上通过利润再分配实现双赢。严建援和李雅婷[90]研究了制造商主导下的 BOPS 交叉渠道引入个性化增值服务后的博弈均衡,发现个性化增值服务的引入会增加零售商和供应链的利润,当线上线下不同价时增长幅度更明显。范辰等[42]在研究具有双渠道的企业是否应采用 BOPS 模式时,也发现在有限的额外消费条件下,线上线下渠道两价制的策略优于 BOPS 一价制策略。在 BOPS 模式中增设顾客自提渠道可以缓解物流拥堵,但零售商能否获得更多利润则取决于运输成本、顾客到实体店成本、顾客自提补贴等因素;同时,当运输成本较低(高)或顾客易于(难于)到达实体店时,零售商偏好于线上线下同价(分散定价)策略。[91]不同于以上的供应链研究视角,金亮等[92]构建了线上零售商委托线下零售商提供体验服务的委托代理模型,发现交叉销售在一定条件下能够部分替代佣金契约对线下零售商的激励作用;线下收益不对称信息的存在不一定会对 O2O 供应链系统造成损失或产生信息租金,线上零售商可能能够获得正的交叉销售价值,但线下实体店反而不能从其交叉销售中获得额外收益。

在 O2O 渠道共享库存方面的研究有:徐琪和高晓晴[93]考虑两个独立且对称的双渠道零售商季末共享剩余库存情景下的最优订购与转运价格决策,研究发现共享剩余库存能够提高两零售商的均衡利润,但库存的变化由转运价格和阈值共同决定,当转运价格小于阈值时,共享剩余库存会降低两零售商的库存水平,当转运价格大于阈值时,共享剩余库存会增加两零售商的库存水平。

O2O 渠道营销合作方面的研究有:“媒介资源置换计划”是目前被网络零售平台和制造商广泛采用的合作营销策略,如天猫平台的“天合计划”、京东平台的“东联计划”等。以“东联计划”为例,该计划要求申请参与的制造商在其全国性广告中体现京东平台的品牌视觉元素(如平台名称、标志等),京东平台提供相应比例的站内广告资源置换作为回报。舒良友和王义宝[94]考虑渠道权力对O2O供应链合作广告策略的影响,发现当网络零售平台为供应链领导者时,只有线上渠道交叉销售效应达到一定水平,制造商才拥有参与网络零售平台合作广告计划的资格,且当交叉销售效应较大时,网络零售平台的利润将超过制造商;而当制造商为供应链领导者时,制造商不愿意让网络零售平台"搭便车"。在销售推广方面,线上线下渠道之间也存在"搭便车"的问题。经有国和孟月霞[95]研究了线上零售商"搭便车"行为对双渠道绿色供应链协调的影响,发现收益共享与成本共担契约可以在实现供应链协调的同时使成员收益达到帕累托改进。陶靖天和李波[96]研究了线上平台由于"搭便车"对线下平台的补贴策略,发现补贴模式能够促进双方合作,但并不能提高双方的收益。

关于行为理论对O2O渠道影响的研究有:考虑公平关切时,夏西强等[97]发现线上与线下销售渠道的博弈结果是:一方采取公平关切会减少另一方收益;一方采取公平关切概率大于某一阈值时,另一方采取不公平关切;长期演化博弈的稳定点为双方都采取公平关切。范定祥等[98]在公平关切的基础上又考虑了不同渠道产品性价比的差异性,发现消费者产品性价比的敏感系数影响渠道商的定价决策;制造商效用与渠道商的横向公平关切系数正相关,与纵向公平关切系数负相关;渠道商效用与横向公平关切系数负相关,与纵向公平关切系数正相关。

五、配送与生产运营

针对消费者对即时消费的需求,如何在顾客下单后协调好拣选和配送环节,以最短的时间和较低的成本将商品从货架上拣出、打包后配送到顾客手中的问题,王旭坪等[99]提出以最小化订单履行时间为目标,构建非线性拣选与配送联合调度模型,以解决订单拣选顺序、拣选作业方式、车辆行驶线路等联合决策问题。该研究设计了三阶段启发式算法,首先采用"聚类-路径优化",依据顾客位置进行配送方案确认;然后采用基于相似度聚类的订单分批规则对每条配送线路的订单进行分批合并;最后调整拣选任务与配送线路顺序。三阶段算法能够有效缩短订单完成时间,降低配送车辆等待时间,改善配送资源利用率。

针对众包供应链基于线上线下混合定制设计生产的问题，黎继子等[100]在订单定制设计模式的基础上，将定制设计和订单生产两个环节相结合，并以交货期为驱动，按常规生产时间和加班生产时间来优化生产流程，并在此框架下，建立了线下自行定制设计的供应链生产模型；接着结合互联网众包平台的特点以及众包线上和线下的互补性，将众包线上定制设计环节有机嵌入融合到线下自行定制设计供应链中，以此优化和构建出基于众包的线上线下混合定制设计的供应链生产决策模型，设计出众包线上定制设计和线下定制设计动态切换条件；并通过粒子群算法对上述模型进行求解。研究发现，定制订单数量不多时，线上线下混合定制设计对成本的降低不是很显著，但随着订单数量越多，线上线下混合定制设计优势将显著提升，并且具有一定程度的抗风险性；通过这个转换点也发现，众包定制设计的订单生产最好安排在期初和期末，众包线上定制设计订单应尽可能减少挤占线下自行设计的常规生产时间，应转向在加班时间生产更为经济；同时，增加对众包设计者的设计报酬不仅对整个供应链的成本影响不大，反而会对众包设计者形成较大激励作用，进一步证明该模式的可行性和实用性。

第四节　电子商务交易环境相关的运营研究

一、关联推荐

消费者对关联产品具有消费意向，因此在爆款产品的页面上增加关联产品可以提高关联产品的流量，但同时也会蚕食爆款产品的销售额，而在关联产品的页面上推荐爆款产品同样也会增加爆款产品的流量和销售额。Kumar 和 Hosanagar[101]研究发现替代产品之间互相推荐后，每日产品页面的访问量增加了 7.5%，产品销售额下降了 1.9%，而推荐的替代产品销售额增加了 9%，总体而言，所有产品总销售额会增加 11%。

二、信息过载

信息来源的广泛性和多样性会劣化信息在重要性、精确性、效用和价值等维度的质量[102]。信息的高度动态性和互动性[103]大幅提升了信息的复杂性、密度、不确定性和模糊性，使信息超出消费者的处理能力。低进入门槛导致了大量竞争者的进入与退出，加重了信息过载问题。针对该问题，目前普遍采用的措施是推广基于大数据的个性化推荐系统。关于个性化推荐与消费者行为之间的研究综述参见孙鲁平等[104]的研究。

关于个性化推荐依赖的数据来源研究发现，基于内部数据的推荐系统能够显著提升消费者点击个性化推荐商品的概率，可以降低消费者的决策时间，激励消费者浏览更多的商品。基于外部数据的推荐效果不仅与外部公司网站的用户数量相关，也会受到外部网站与当前网站的关联程度的影响。消费者特征对基于内部数据和外部数据的推荐效果起调节作用，如果消费者是当前网站的老用户，利用该消费者在当前网站的内部数据提供个性化推荐的效果更佳。[105]

关于个性化推荐的规模研究发现，扩大推荐规模可以提升用户感知推荐的吸引力和感知选择难度，同时对感兴趣商品的回忆效果和搜索深度均显著下降，决策时间显著增加；感知吸引力、感知选择难度会影响用户的选择意向和决策努力，进而对决策质量产生影响。[106]

第三章 电子商务供应链关键共性特征

为了提升电子商务供应链关键技术提炼的精准性，不仅要充分运用理论研究成果，还要高度重视实践案例。本章通过对电子商务供应链典型案例的分析，以归纳逻辑提炼电子商务供应链的共性关键技术。应用归纳逻辑既要关注案例的深度，还要考虑案例的广度。因此，本章首先从阿里活水计划的案例库收集了电子商务企业的典型案例，再以案例企业为关键词，通过中国知网全文检索获得同行评议的学术论文，最后通过互联网、企业网站和行业网站进行案例资料补充。

第一节 研究设计

选取多案例研究是为了避免研究结论出现极端情况或个别现象，保证其是电子商务情境下的供应链管理的共有现象。多案例比较，有助于增加对经验世界多样性的理解[107]，有利于对同一现象进行相互印证和补充，促进形成更具准确性和普遍性的结论[108,109]。

一、数据收集

由于本章涉及的案例企业较多，无法兼顾案例的深度，除韩都衣舍外，其余案例资料的收集均以二手数据为主，包括文献资料、档案和研究报告等；同时将本章提炼的电子商务供应链关键技术交由韩都衣舍供应链经理及相关人员审议，以保证所提炼关键技术的适用性。

(1) 文献资料。从阿里活水计划的案例库以及阿里研究院的研究报告中整理电子商务企业的典型案例；然后从中国知网数据库中，通过检索词“IKEA”“Zara”“优衣库”“茵曼”“特步”“韩都衣舍”“埃沃”“裂帛”“麦包包”

“海澜之家”“御泥坊”“阿芙”“百雀羚”“膜法世家”“五芳斋”“三只松鼠”“良品铺子”“十月妈咪”“曲美”“海尔”“珂兰钻石”等进行全文检索;同时在百度上检索关于上述企业的新闻资料,按照发展主题和发展阶段对相关资料进行分类整理。全文检索得到的文献根据研究需要进行了筛选,并根据研究方法和文献来源进行文献优先级排序,例如将采用案例研究方法、来自顶级期刊和报纸的文献分配最高优先级。

(2) 档案记录。通过访问和查阅以上企业或品牌的官方网站、阿里研究院、公司年度报告、中国电子商务研究中心、高层讲话资料和部分公司的招股书等,组成档案记录资料证据。

二、数据整理与分析

本章采用叙事分析法,对研究对象从线下进入线上做的各种准备工作、线上运营遇到的问题及解决对策进行讲述,以期寻找线上供应链不同于线下的原因、线上供应链需要解决的关键问题。关于叙事分析的步骤参考Plowman等[110]和白景坤等[111]的做法,分为构建时间线、叙事分析和数据编码三个步骤。

首先构建时间线:对研究对象从线下进入线上的准备工作、问题、对策及效果制作时间线。例如汇美(旗下品牌茵曼):

1998年,成立广州市汇美服装厂,主营棉麻代工。

2005年,借助B2B平台实现ODM转型。

2008年,创立第一个品牌“茵曼”,开展网上女装零售业务(B2C)。

2010年,线上收入占20%。

2011年,① 30%的产品由快速供应链完成,面料质量不可控;② 集中补货对快速供应链要求较高,大批出货导致供货期加长,仓储周转减慢,品质不可控;③ 无计划地加单,加单的数量和生产的产能和配备的人员不匹配;④ 线上线下同时运营且价格一致,20%～30%的促销款专供线上,提前一个月告知线下促销活动;⑤ 进入天猫女装品牌TOP5和淘宝女装品牌TOP3。

2012年,① 预售期15天,资金周转周期为22天。② 年终存货量与全年销量比值低于10%,库存周转率为5.5次/年。③ O2O使用统一的ERP系统(百胜),统筹仓储与配送。④ 使用天猫的“聚石塔”打通数据。⑤ 进入天猫女装品牌TOP5和淘宝女装品牌TOP3。

2013 年，“双 11”女装品牌销量全网第一。

2014 年，强化与消费者的有效互动，瞄准粉丝经济，通过与服装达人、网络红人及部分影视文化 IP 的合作，打造红人时尚原创品牌。

2015 年，① 获战略投资，启动“茵曼＋千城万店”的新零售项目。② 重复购买率较高，“茵曼”为 42.7%，“初语”为 39.1%，“生活在左”为 37.5%。③ 从 2013 年到 2015 年净利润率在逐年下降，对唯品会的依赖上升。

2016 年，① 从单一电商向“电商＋店铺＋微商”整合升级，供应链模式为“供应商—品牌商—消费者”。② 通过对消费者信息的挖掘进行需求预测，与供应商深度合作，将原来的大型生产线进行改造，来应对消费者下单的小批量、多品种、大波动等特征。③ 尝试 IPO 未果。④ 成立社群电商事业部。⑤ 与网红成为品牌合伙人。一般刚上线的新品牌转化率可能在 1% 左右，但是当切中网红的粉丝的需求时，转化率可以提升 5～10 倍。⑥ 1 月份上线的一个网红品牌快速完成 3 次返单。⑦ 线下约 450 家店铺收入达 2 亿元。

2017 年，① 联手韩国运动品牌 Ballop（百乐步）。② 网红孵化平台落地。③ A 轮融资过千万。

2018 年，① 规划跨境电商。② 成立茵曼商学院。③ 赋能合伙人共建新零售。④ 冲刺创业板或新三板，可能的原因是增长前景有限，投资方又有退出压力。⑤ 建立智能制造产业园，并构建一套大数据系统提高柔性化生产能力。⑥ 自主研发 IOM 管理系统，涵盖商品开发管理、生产管理、物料管理、质检管理、财务成本管理等各个方面，不仅能通过信息共享有效互通供应环节的工作情况，形成供应链协作共识，还能满足销售部门“快速返单”的灵活需求。茵曼实现 5∶5 的首单和返单比例，未来的目标是实现 70% 的快速返单。⑦ 建立抖音公众号，粉丝突破 60 万，累积视频点击量破亿，获赞超过 500 万次。

2019 年，① 智能制造产业园正式开业。② 原茵曼商城 App/Wap 暂停维护运营，原信息直接同步茵曼微店小程序。③ 基于平台门店模式，茵曼用“数字零售＋数据中台＋智能制造”（DDI，Digital Retailing & Data Middle-End & Intelligent Manufacturing）的产业互联网逻辑，通过工厂端、品牌端和零售端的协同，打开企业边界，形成了一个品牌生态。

其次进行叙事分析：研究团队 3 位成员建立了彼此独立的叙事账户，通过叙事分析将数据罗列出来，从而探索数据之间更深层次的逻辑关系，通过3个叙事账户的归纳，发现了电子商务供应链管理的关键。

最后进行数据编码：将案例信息以生产运营管理、包装与运输、库存、采购、产品与设计、渠道、用户和促销等关键词进行归类，发现电子商务企业的共性特征。

三、案例企业共性特征

通过对案例企业的叙事分析，发现电子商务企业具有的共性特征包括：注重用户意见，重视用户参与创新；生产以小批量和个性化为主；关注用户的重复购买；供应链信息共享，能够实现供应链可视化；生产任务外包；始于代工企业，具有高质量的产能；采用阿米巴组织模式，详见表3-1（其中生产标准化和供应商合作伙伴只在两个样本中出现，因此未将其列入共性特征）。

表3-1　案例企业特征展示

企业	特征								
	始于代工企业	阿米巴组织模式	用户参与创新	生产标准化	供应链可视化	供应商合作伙伴	生产任务外包	小批量个性化	关注重复购买
IKEA							1		
Zara					1		1	1	
茵曼	1				1			1	1
特步									
韩都衣舍		1					1	1	1
埃沃				1	1		1	1	
裂帛			1		1	1	1	1	
麦包包	1	1	1	1	1			1	1
御泥坊		1	1						
阿芙									1
膜法世家	1								
五芳斋	1		1						1

表 3-1（续）

企业	特征								
	始于代工企业	阿米巴组织模式	用户参与创新	生产标准化	供应链可视化	供应商合作伙伴	生产任务外包	小批量个性化	关注重复购买
三只松鼠									1
良品铺子			1						
海尔		1	1			1			
总计	4	4	6	2	5	2	5	6	6

第二节　电子商务供应链关键共性特征提取

从现有电子商务成功案例资料中抽取共性特征，按特征的共有程度由高到低分为三个层次，第一层次要素包含重视用户参与创新、小批量和个性化、关注重复购买；第二层次要素包含供应链可视化和生产外包；第三层次要素包含高质量的生产能力和阿米巴组织模式。从共有特征的功能属性来看，重视用户参与创新和关注重复购买是位于供应链下游企业的市场运营特征；小批量个性化、供应链可视化、生产外包、高质量生产能力属于供应链中间环节的生产运营；阿米巴组织是供应链核心企业的组织模式，属于制度建设范畴。

一、重视用户参与创新和关注重复购买

在市场方面，电子商务企业成功案例表现出的关键共性特征为重视用户参与创新和关注重复购买。

用户参与创新是掌握市场需求的主要手段，是保障产品独特性的重要基础，同时，也是了解用户关键诉求的有效方法。企业要突出影响用户共性关键需求的产品属性，弱化非用户关键需求的属性，提高产品的性价比。例如小米非常重视用户的参与，以内容激发用户参与的热情，通过开放参与节点、设计互动方式和扩散口碑事件发挥用户参与的作用。在了解用户关键诉求时，小米找 100 个铁杆粉丝，让其深度参与 MIUI 的设计、研发和反馈

等。粉丝不仅是参与者，也是裁判，小米让粉丝参与用户体验的测评和优化。小米采用论坛为核心的互联网开发模式，将用户当作外围产品经理和开发团队。

重复购买是强调消费者对品牌的信任、对品牌产品的认可。因为消费者个性化的需求会降低消费者对于产品的黏性，所以这里指的重复购买不是对产品的重复购买，而是对品牌的重复购买。爆品是在一定时间内其销量显著高于同类型产品的产品，所以重复购买不一定产生爆品。

二、小批量个性化、供应链可视化、生产外包、高质量生产能力

（一）小批量个性化

从时序上来看，电商新产品上市前采取的是小批量多品种的快速响应供应链，上市后根据市场需求状况，可以分为常规销售产品和爆款产品：对于前者根据销量情况进行补货，依然采用小批量多品种的快速响应供应链；而对于后者则要启动大规模生产的精益供应链。例如ZARA将产品分为基础款与时尚款，基础款的需求量较大且波动不大，采用精益供应链模式；而时尚款的需求量较小且不确定性高，则采用快速响应供应链。

小批量多品种运营模式与大规模运营模式差异较高，整合难度较大，需要分而治之。大规模生产的精益供应链理论与技术已经非常成熟，也是现有的生产系统普遍采用的方式，本章不再赘述。而小批量多品种运营模式，在电子商务消费环境下又增加了及时性和高性价比的要求，因此需要供应链既有快速响应供应链的速度，又有精益供应链的成本与质量。

（二）供应链可视化

供应链可视化作为一种强化供应链各参与方之间信息共享的高级机制，在电子商务企业的运营管理中扮演着至关重要的角色。其核心效能体现在能够即时且精确地捕捉上游产品供应商的原材料库存动态、生产进程及库存现状，从而确保了供应链的透明度与可追溯性。这一机制的引入，不仅显著提升了电商企业对市场波动与需求变化的响应灵敏度，还极大地促进了运营效率的优化。通过供应链可视化系统，电商企业得以依据实时数据快速调整采购策略、优化库存布局，有效规避因信息不对称导致的库存过剩或短缺风险。

尤为重要的是，供应链可视化显著增强了电商企业在面对快速更迭的消费者偏好与激烈的市场竞争时的快速响应能力。借助实时数据的深度分析，企业能够制定更为精确及时的战略决策，包括但不限于销售策略的调整、促销活动的推出以及新产品线的开发，以期更加精准地对接市场需求，巩固并扩大其市场地位。

以服饰品牌茵曼为例，通过实施供应链可视化策略，该品牌成功实现了从原材料采购至成品入库的全流程监控。这一举措不仅大幅提升了茵曼对供应商生产进度与库存水平的监控效率，还使其能够依据市场反馈与销售预测灵活调整生产计划，确保热销产品迅速补货，同时有效控制滞销产品的生产规模，有效缓解了库存积压与资金占用问题。此外，供应链的可视化还深化了茵曼与其供应商之间的合作紧密度，共同推动生产流程的优化，缩短了产品上市周期，进一步提升了顾客满意度与品牌影响力。综上所述，供应链可视化机制已成为电商企业在复杂多变的市场环境中保持运营灵活性与高效性的关键战略工具。

（三）生产外包

在电子商务企业的运营逻辑中，生产环节往往并不构成其核心能力的核心组成部分。中国作为全球制造业的中心之一，其完善的产业链、先进的生产技术以及丰富的生产资源，使得高质量的生产能力供给在市场中易于获取。这一优势为电商企业提供了极大的便利，使它们无须自建生产线或深度介入生产环节便能轻松获取到符合市场需求的高质量产品。

鉴于此，电商企业普遍倾向于将非核心业务，如生产制造，进行外包处理。这一策略不仅有助于企业减轻在生产管理、质量控制及供应链整合等方面的负担，还能使其将有限的资源与精力聚焦于产品设计、品牌营销等真正构成其核心能力的关键环节。通过外包非核心业务，电商企业能够更加专注于提升用户体验、优化产品组合、强化品牌形象以及增加市场份额，从而在激烈的市场竞争中保持领先地位并实现可持续发展。

（四）高质量生产能力

电子商务环境下，消费者的反馈机制通过汇聚广大消费者的使用体验与评价，能够迅速识别并促使存在质量问题的产品退出市场，从而维护了线上市场的健康生态。在此背景下，电商企业若要确保所售产品的持续竞争力与消费者信赖,高质量的生产能力便成为其赖以生存与发展的基石。高质量生产能力不仅关乎产品制造的精良程度,更体现在对原材料甄选、生产工艺优化以及质量控制体系完善的全方位把控上。这些均是电商企业在激烈的市场竞争中脱颖而出的关键要素。

以若干成功案例为例,茵曼、麦包包、膜法世家等企业均起源于代工业务,这一业务在初始阶段为它们提供了宝贵的实践经验与技术积累。通过长期服务于不同品牌,这些企业逐渐磨炼出高效的生产流程和严格的质量控制标准,进而形成了自身在特定领域内的高质量生产能力。随着电商平台的兴起,它们凭借累积的优质制造能力与对消费者需求的敏锐洞察,成功转型为自主品牌,并在各自的细分市场中赢得了良好的市场口碑与广泛认可。茵曼的棉麻服饰的精湛工艺、麦包包对箱包设计与材质的独到理解、膜法世家在护肤产品科研创新上的不懈努力,均成为它们在电商领域脱颖而出的鲜明标签,使它们在各自所属市场中占据了领先地位。这些实例生动诠释了高质量生产能力对于电商企业在复杂多变的市场环境中实现可持续发展与品牌崛起的重要性。

三、阿米巴组织模式

与小批量个性化运营要求相匹配的组织模式是“小而全”,其中“小”代表规模小,“全”代表关键功能全。这种组织模式在海尔称为“小微”,在韩都衣舍称为“小组制”/“韩都三人组”。其实质是阿米巴组织。阿米巴是变形虫“amoeba”的译音,其特性是能够自我调整适应外界环境的变化。人们可以通过阿米巴组织模式,突破企业和组织边界的限制,解决大中型企业的发展瓶颈问题。例如海尔的自主经营体和员工创客化,海尔认为企业总部是资源平台,为人单合一的自主经营体提供资源与服务,运用会计核算体系计算每个员工创造的价值,再依据创造价值分享企业价值。海尔通过自有的创业基金及合作的投资公司支持员工创业,将传统企业组织结构变成了以创新项目为基本治理单元的平台式组织结构。

金蝶已经推出阿米巴解决方案,支持经营单元设置、分裂、调整的柔性组织,以年度经营计划为基础的量化分权,对不同颗粒度、多重划分维度阿米巴之间的协同工作平台,高效支持物料流转、委外协作、资产/费用转移等工作,通过内部计价交易,自动实现阿米巴的独立核算,传递市场竞争压力,以独立核算为基础的数据透视帮助阿米巴循环改善，帮助员工从被动执行转变为主动创造。

四、电子商务供应链关键共性特征结构

用户参与可以支持个性化与高性价比的市场需求。小批量多品种的快速响应供应链可以解决用户需求及时满足、个性化需求、重复购买的问题；大规模定制的精益供应链可以满足高性价比的需求。供应链可视化是支撑快速反应与精益供应链的基础。基于以上推理得到电子商务供应链关键共性特征结构图（详见图 3-1）。

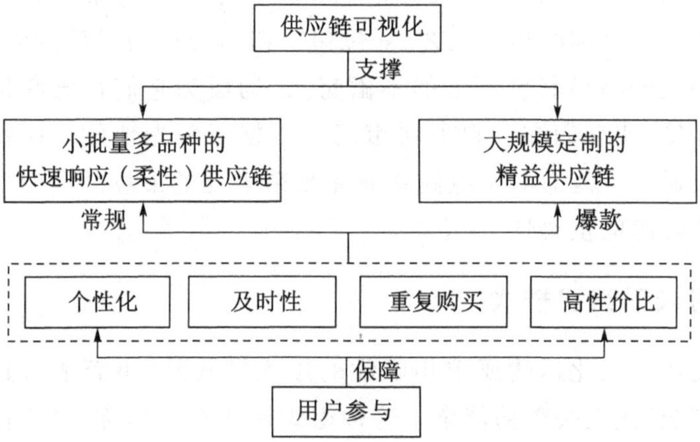

图 3-1　电子商务供应链关键共性特征结构图

第四章　电子商务供应链关键共性技术

第一节　关键技术 1——吸引用户参与创新

用户参与创新实际上拉近了终端消费者和上游供应商、生产商之间的距离，图 4-1 展示了用户参与创新的接触面。企业依靠互联网技术、大数据等来实现对用户需求数据的前期精准收集、中期整理和分析、后期统计和预测等，通过互联网平台让用户参与产品前期调研开发、让用户进行线下预售产品体验并根据反馈进行改进以实现较大规模生产、根据购买使用后的用户意见进行产品或服务改进，进而将用户引入研发、生产、销售服务计划中，来准确把握用户需求，将有效信息精准地传递到上游原材料供应商、下游经销商甚至流通中间商，从整体上提高供应链的运作效率。

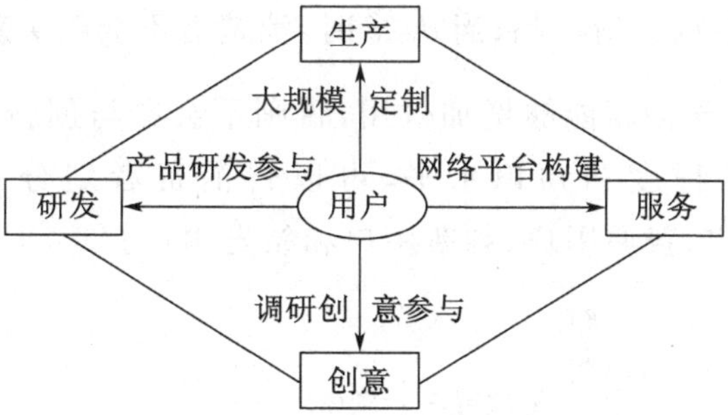

图 4-1　用户参与创新驱动过程

一、参与创新用户甄别策略

电子商务企业要想实现用户参与创新需要有足够多的高黏度用户群体。用户群体需要具备一定的知识水平，认同该企业产品的开发理念与方法，具有自主决策能力与资源分配权，并且个人具备自主性较高等特性。这样的用户群体的产生依赖于企业的长期培养、筛选与甄别。[112]

考虑由制造商和零售商各自单一组成的双边垄断供应链，在这里，制造商负责商品生产，零售商负责商品销售。零售商从制造商处以价格 w 订货，以价格 p 销售到消费者手中。消费者购买创新产品期望收益为 v，θ 为新产品在市场中的接受程度，假设为 θ 服从[0,1]区间内均匀分布。a 表示消费者的知识水平，该值越接近于 1 说明该新产品的消费群体的知识水平越高，所能给制造商提供的智力支持越多，越容易获得创新成就感，增加消费者购买效用。制造商会提供一定的奖励 r 以激励消费者参与创新，为此制造商付出的创新成本为 $\frac{1}{2}\beta r^2$，二次项表示制造商的创新投入随着用户激励水平的提高而递增，$\beta>0$ 表示创新投入成本系数。消费者参与创新的单位创新成本为 c_u。消费者购买新产品的效用为：

$$U=\theta v-p-c_u+\alpha r \tag{4-1}$$

由上式可以得到新产品的市场接受度的无差异点为 $\bar{\theta}=\frac{p+c_u-\alpha r}{v}$，当 $\theta>\bar{\theta}$ 时，消费者会购买新产品；当 $\theta<\bar{\theta}$ 时，消费者不会购买新产品。当 $\frac{c_u}{r}<\alpha\leqslant 1$ 时，消费者参与创新能够增加效用，否则不会参与创新。因此根据消费者新产品的接受程度和知识水平，可以将消费者划分为四种类型（见图 4-2），专家用户、普通用户、创新用户和领先用户。

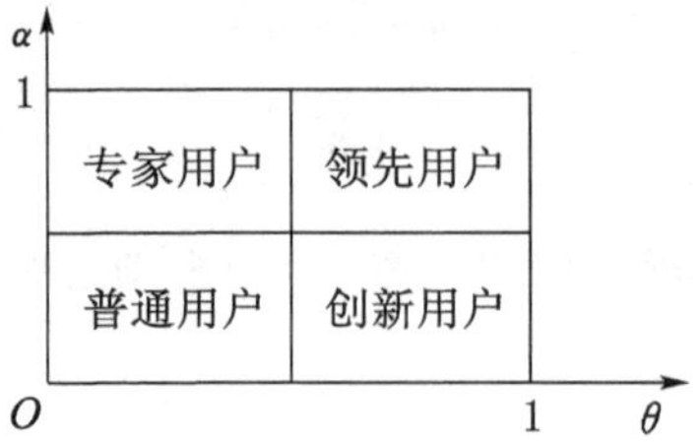

图 4-2　用户划分类型

根据图 4-2 可以发现，普通用户对新产品的接受程度低而且知识水平不足以参与产品的有效创新；创新用户对于最新问世的产品抱有极大的兴趣，对于是否能够满足其更高的消费需求不关心，因此对制造商创新的辅助作用十分有限；专家用户往往属于某一领域的高级研究学者，能够为制造商提供新产品的改良意见甚至完整的产品解决方案，但其购买意愿不强，不注重新产品的用户体验；领先用户是最受关注的用户参与创新群体，该群体注重产品带来的消费价值并不断将自身需求与产品进行匹配，代表了市场上最新的需求前沿，而且领先用户还掌握产品创新的经验和知识，能够为制造商提供成熟的新产品解决方案，因此领先用户是用户参与创新的重要研究对象。

二、用户参与创新的过程及实现形式

（一）基于电商供应链价值创造系统的用户参与创新过程

由系统论可知，用户参与创新的电商供应链价值创造过程可被视作一个整体系统，由用户和电商企业两个参与主体、用户价值与供应链价值两个产出价值的两类元素构成，元素间相互影响、彼此联系，并通过用户/电商自创系统以及电商与用户共创系统来实现电商供应链价值创造，如图 4-3 所示。

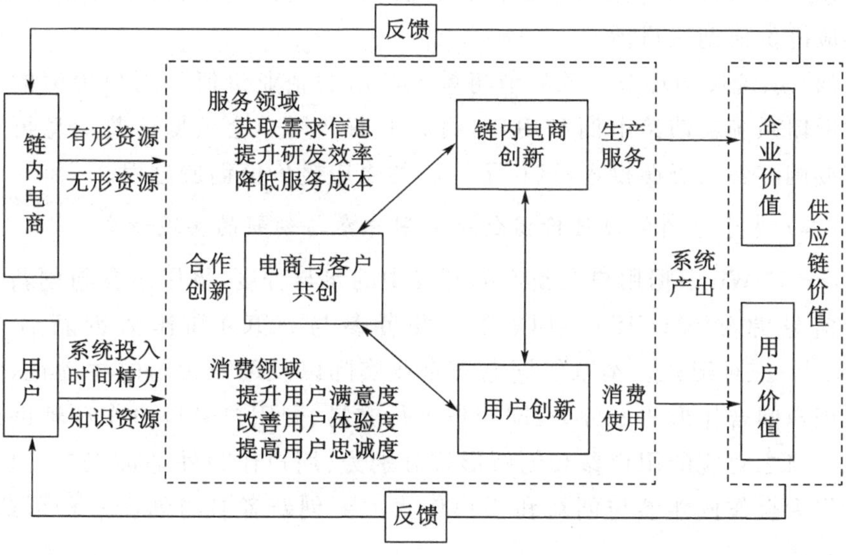

图 4-3　用户参与创新的电商供应链的价值创造系统

用户参与创新的电商供应链价值创造系统主要由投入、转换、产出和反馈四个环节组成。每个环节的具体内容如下：

(1) 系统投入环节。电商和用户根据自身条件和状况投入相关资源，达到提升整体供应链价值的目标。电商投入的资源主要包括人力、资金、设施等各种有形资源，以及知识服务、技术支持、企业文化等无形资源；用户投入的资源主要有精力、自身的知识储备和时间等。

(2) 系统转换环节。该环节即为价值创造过程，电商和用户双方可通过各自的自创系统和共创系统将投入资源转化为相应的价值产出。在共创系统中，电商与用户的持续互动和合作创新能够提升研发效率、降低服务成本、提升用户满意度、提高用户忠诚度等。在电商自创系统中，电商通过生产制造或提供服务，为用户提供高品质产品（服务）以实现价值提升。在用户自创系统中，用户通过使用高品质的产品和服务消费，获得更高效用和价值。电商和用户共创系统的产出能够促进电商自创系统与用户自创系统的产出，而电商自创系统和用户自创系统的产出也能够影响共创力度及共创过程，电商自创系统和用户自创系统通过互动彼此间互相联系与影响。

(3) 系统产出环节。该环节通过系统转换过程，将电商和用户的生产服务和创新投入资源转化为包括企业价值和用户价值在内的供应链价值，实现供应链价值创造目标。

(4) 系统反馈环节。该环节将系统产出的企业价值和用户价值的信息通过反馈系统反馈给电商和用户，而后电商和用户会根据这些信息再共同决定或调整各项资源投入，进行下一轮的供应链价值创造过程。

（二）基于电商供应链价值创造的用户参与创新的实现形式

Cui 和 Wu 根据用户在新产品开发中的参与程度，将用户参与创新分为作为信息源参与（CIS）、以联合开发者参与（CIC）和作为创新者参与（CIN）[113]三种形式。本章依据电商企业实际以及用户参与的主动性，将电商与用户间合作形式划分为：同用户进行交易、同用户进行协作和辅助用户创新。与之对应的用户参与创新形式分别为：用户作为外部员工参与创新、用户作为合作伙伴参与创新和用户作为主要创新者参与创新三种形式，如图 4-4 所示。

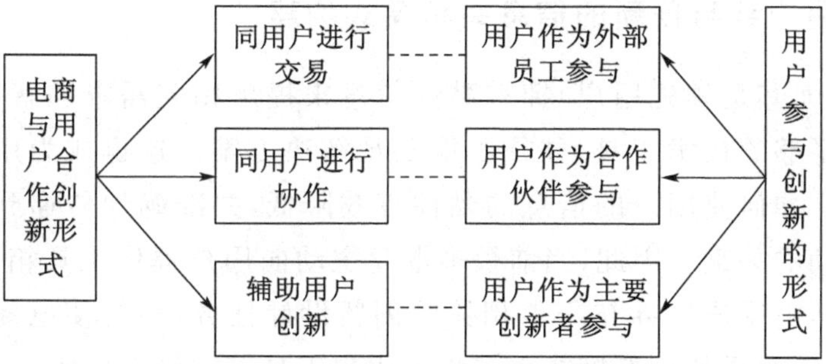

图 4-4　电商与用户合作形式及用户参与创新形式

通过划分用户参与创新的形式，三种形式下用户参与创新的特征区别明确，分别为：

（1）基于电商供应链价值创造的用户作为外部员工参与创新。在此形式下，交易关系为电商企业与用户之间关系的基础，企业付出创新报酬，用户被吸引参与。创新主体以供应链内的电商为主，用户协助电商企业创新，用户参与度不高。链内企业为获取用户的知识、技能等资源需向用户支付一定报酬。用户参与创新时会加深其对产品的偏好，影响用户的购买决策。

（2）基于电商供应链价值创造的用户作为合作伙伴参与创新。在此合作形式中，用户作为资深客户和忠实客户，往往非常乐意与企业进行协同合作，且愿意无偿为企业提供创新建议和思路，同时为了实现更有效的协同，企业也会紧密关注整体用户的利益。因此，在合作创新中，创新的主体仍是链内企业，用户仅为企业创新的协作者，用户往往被链内企业视为合作伙伴。企业的创新决策行为会受到协同创新形式的直接影响，企业的产品销量也会受到影响，严重影响供应链价值创造过程。

（3）基于电商供应链价值创造的用户作为主要创新者参与创新。此形式下，用户能够自主创新并在创新过程中发挥重要作用，可将用户视为主要创新者。为了方便用户创新，企业为用户提供创新辅助。在前两种形式中，企业为创新活动主体，用户仅贡献知识和信息提供辅助作用；但在用户为主要创新者参与创新的情况下，作为创新活动主体的用户，需要进行创新决策。在创新过程中，参与创新的用户之间会进行互动，这种用户间的互动对用户的创新决策及购买行为有着重要影响。

三、用户参与创新的信息共享模式构建

用户(尤其是领先用户)拥有黏性信息来提出相关需求和解决方案,但因为缺乏足够的技术工具,往往不能实现解决方案。这也成为用户参与创新的难点。如何使用户的信息的黏性有效降低,并准确地传递到电商手中是创新活动的关键。因此,当前很多电商主动向用户提供工具箱(被称为用户工具箱),由用户主导与需求相关的创新设计任务,最终使电商与用户联合完成创新,这样的创新模式也被称为用户工具箱式创新模式。

一般来说,用户工具箱有以下五个要素:

(1) 利于用户参与创新的研发流程。用户虽然拥有关键的需求信息,但往往缺乏研发经验,在初始设计中可能很难实现所有要求。因此,工具箱应该具有反复试验的功能,使用户的创新成为不断在实践中学习的过程,帮助用户在试错中逐渐找到最佳的设计方案。

(2) 建立适当解决的空间。通过工具箱,电商可以向用户传达生产或服务能力的信息,让用户在适合企业当前条件的空间下进行创新,确保不超出电商的实际解决范围的设计,并最终形成可行方案。

(3) 设置友好型用户界面。工具箱的使用界面应该是大部分用户掌握的语言和技术,使用户不用花费大量的精力进行额外学习就能通过工具箱进行设计研发。

(4) 模块库的标准化。很少有用户的设计方案能使所有的部分具有创新性,因此,用户使用标准化的模块库时,只需将精力集中到真正有创新想法的部分,而不必去设计其并不擅长的部分。

(5) 将设计转化到实际生产的能力。用户工具箱的语言能准确无误地转换为电商生产服务系统的语言,形成设计方案来满足用户需求,并直接投入生产,避免电商的二次修改或设计。

与传统的以制造商为主体的创新方式不同,用户工具箱式创新模式的优势很多。传统创新模式中,制造商很难获取用户需求的黏性信息,只能通过设计出产品原型并接受用户检验建议后再反复修正,需要在制造商和用户间来回多次反馈,最终才能形成双方认同的产品。但在用户工具箱式创新模式中,领先用户参与产品研发,创新的产品或服务直接满足了用户需求,且试错纠错过程仅在参与创新的用户内发生,极大地提高了电商创新的

有效性和创新速度，降低了企业研发和服务的成本。

但用户工具箱式创新模式并不适用于所有行业，其主要限制有三个方面。首先，决定采用用户工具箱的电商需调整自己的商业模式，这是因为，将一部分创新活动外包给用户将影响电商企业在设计、生产、营销方面的竞争力。其次，若创新产品带来的收益低于用户工具箱的设计和使用成本，那么采用该模式则得不偿失。目前来说，计算机化程度较高的电子科技、“互联网＋”等领域的企业因其用户设计与使用均在虚拟的环境下完成，不耗费实际资源，比较适合使用用户工具箱式创新模式。最后，识别和选择领先用户具有一定风险性，并且很难事先判断领先用户是否达到使用创新工具箱的能力和要求。

第二节　关键技术 2——小批量个性化的快速反应

一、基于需求信息更新的易逝品补货策略

线上环境提高了需求信息的易获得性，需求信息曝露越多，市场需求的预测准确性就越高，再订货时的供需匹配度也越好，缺货损失与存货成本也会越低。易逝品的销售周期较短，在其销售季内可补货的次数有限。两阶段订货的时间轴如图 4-5 所示，即在销售季开始前进行首次订购，在销售季开始后，进行第二次订购。在现实情景中，随着产品上市时间的增加，预测准确性在不断提高，较高的首批订货量才能保证在需求探测阶段不缺货或

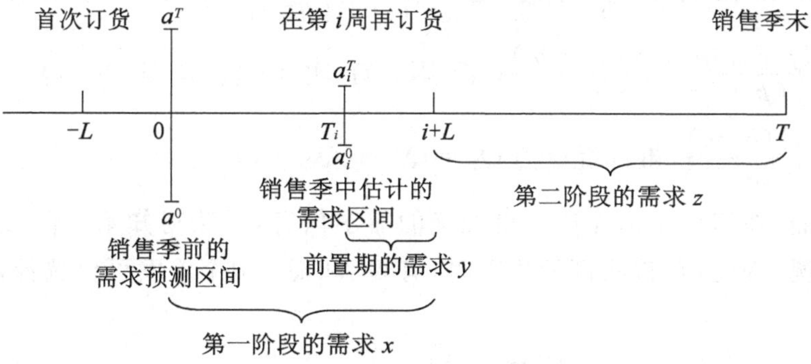

图 4-5　基于需求预测准确性的两阶段订货策略

少缺货；但如果首批订货量较大，在市场需求不确定时，又会导致存货成本增加，也有可能会成为滞销产品而发生清货损失。因此，再订货时间不仅会影响订购需求信息的准确性，同时也会影响首批订货量和再订货量。

在时间依赖的预测准确性假设下，本书对需求预测随时间的改进进行建模，需求预测准确性会影响二阶段订货数量的决策区间。通过这种方式，本书将预测准确性对订货决策的影响集成到了两阶段库存模型中。从利润最大化的角度来看，由于最优方案受库存状况的影响，本书根据第一阶段结束时是否还有剩余库存，给出了两种确定首次订购量的解决方案。本书还建议最小化成本并满足第一阶段的需求，作为确定首次订购量的其他两种方案。本书根据初始订购量的大小来分析解决方案不同的适用场景。之后，本书列出了如何找到最佳的首次订购量、再次订购量和再订货时间的步骤。在电子商务快时尚零售商中应用了此过程，发现其利润比单阶段库存模型改进了76%。

符号说明：

i：表示再订货周。

L：表示订货前置期。

T：表示销售周期。

$[a,b]$：表示时期内的需求分布区间。

w_1, w_2：表示两次订货单价，为了不失一般性，假设 $w_1 \leqslant w_2$。

p, c_o, c_u：分别表示市场价格、清货损失和缺货成本。

$[m,n]$：表示$[i+L,T]$时期内的需求分布区间。

以两阶段利润最大化为目标函数，优化得到如果第一阶段期末无存货剩余，则首次订货量应为 $Q_1^r = b - \dfrac{w_1(b-a)}{(p+c_u)}$，再订货量为 $Q_2^{s1} = \dfrac{[c_o m+(p+c_u)n]-w_2(n-m)}{(p+c_o+c_u)}$；否则，首次订货量应为 $Q_1^* = b + \dfrac{(w_2-w_1)(b-a)}{(p+c_u)}$，再订货量为 $Q_2^* = Q_2^{s1} - (Q_1^* - x)$。

然而，在销售季前无法获得准确的需求信息，无法得知第一阶段期末的存货情况，因此，在首次订货决策时，有 Q_1^r 和 Q_1^* 两个方案可供选择，决策依据为：

$$\begin{cases} Q_1 = Q_1^r, Q_1^* \\ Q_2 = Q_2^{s1} - \max\{0, Q_1 - x\} \end{cases} \tag{4-2}$$

以第一阶段成本最小化为目标函数确定首次订货量，优化得到首次订货量为 $Q_1^c = b - \frac{w_1(b-a)}{c_u}$。以第二阶段利润最大化为目标函数优化再订货量，如果第一阶段期末库存为零，则第二阶段的订货量为 Q_2^{s1}，否则第二阶段的订货量为 $Q_{2c}^{s2} = Q_2^{s1} - (Q_1^c - x)$。

以最大化满足第一阶段需求确定首次订货量，$Q_1^d = b$。以第二阶段利润最大化为目标函数优化再订货量，如果第一阶段期末库存为零，则第二阶段的订货量为 Q_2^{s1}，否则第二阶段的订货量为 $Q_{2d}^{s2} = Q_2^{s1} - (Q_1^d - x)$。

综上，本书得到确定首次订货量的四种策略，四种策略无法通过直接比较进行评价。首次订货在第一阶段期末的存货可以在第二阶段进行销售，$Q_1^c < Q_1^r < Q_1^d < Q_1^*$，因此，除非产品的存货成本很高或清货损失很大，一般可以不考虑以第一阶段成本最小化为目标决定首次订货量。直观地来看，在市场竞争激烈且需求波动不大的情况下，可以选择最大化满足第一阶段需求的策略，因为市场竞争激烈时一旦缺货就会造成销售损失，在需求较为稳定的情况下，第一阶段未售出的产品可以在第二阶段售出。

基于观测到的需求估计总需求为 $\frac{x-y}{G(i)}$，所以剩余销售季的需求为 $\frac{x-y}{G(i)}[1-G(i+L)]$。再订货时间会影响首次订货量和再订货量，而再订货时间是有限的集合，因此本书采用以下的方法进行最优策略和再订货时间的决策：

（1）使用历史销售数据计算累积销售率，将累积销售率作为累积需求率，然后构建需求率模型 $G(i)$，用以表示累积需求率随着再订货时间变化的情况。

（2）使用同一方法基于历史销售数据拟合累积销量对总销量在销售季每周的影响。获取不同时间估计需求的标准差，然后拟合需求预测准确性的改善函数 $f(i)$，用以表示需求预测准确性随再订货时间变化的情况。

（3）基于描述性统计分析得到销售季前的初始需求预测区间$[a^0, a^T]$。

（4）分别计算每个产品 j 在再订货时间为 i 时，四种策略下的利润 $\pi_j^{c*} = \max\pi^c(i)$，$\pi_j^{r1*} = \max\pi^{r1}(i)$，$\pi_j^{r2*} = \max\pi^{r2}(i)$和 $\pi_j^{d*} = \max\pi^d(i)$。然后对所有产品的最大期望利润求和，对相应的再订货时间求平均值。

（5）根据下式计算需求实现后每个产品 j 的真实利润，并记录最大利润

下的再订货时间 i。比较四种策略所有产品的总利润，选择总利润最大的策略及其对应的再订货时间作为最优订货策略。

$$\begin{aligned}\pi(i)=&p\min\{d_{i+L},Q_1\}-c_u\max\{0,d_{i+L}-Q_1\}-\\&w_1Q_1+p\min\{d_T-d_{i+L},Q_2+\max\{0,Q_1-d_{i+L}\}\}-\\&c_u\max\{0,(d_T-d_{i+L})-(Q_2+\max\{0,Q_1-d_{i+L}\})\}-\\&c_o\max\{0,(Q_2+\max\{0,Q_1-d_{i+L}\})-(d_T-d_{i+L})\}-w_2Q_2\end{aligned}\quad(4\text{-}3)$$

二、基于单件流的 Job Shop

车建国研究了多品种小批量的精益供应链改善策略[114]，而他提出的生产批量、传输批量和生产顺序决策的依据都以时间最小为目标，因此，生产批量、传输批量和生产顺序的最优决策均适合电商环境下小批量个性化的快速反应要求。

（一）提前期最小时的最优生产批量

假设加工任务到达为稳态泊松过程，达到间隔时间和加工时间均服从负指数分布，加工过程近似于 M/M/1 的排队服务。

符号说明：

Q 代表单个品种的生产批量。

$\bar{s}$ 代表不同加工品种的调整准备时间的平均值。

D 代表每个生产任务期内外需求的各种产品的数量总和。

$\bar{p}$ 代表单位产品加工时间的平均值。

则每个产品品种的期望加工时间为 $\mu-1=\bar{s}+\bar{p}\times Q$，品种的到达率为 $\lambda=D/Q$，机器利用率为 $\rho=\lambda/\mu=D\bar{s}/Q+D\bar{p}$，单一品种的提前期为 $\tau=\dfrac{1}{\mu(1-\rho)}=\dfrac{1}{\mu-\lambda}$，把各个因子代入公式，得到

$$\tau=\frac{\bar{s}+Q\bar{p}}{1-D\bar{p}-D\bar{s}/Q}\quad(4\text{-}4)$$

上式对 Q 求导，令一阶条件为零，得到

$$Q^*=\frac{\bar{s}\times D\times\left(1+\sqrt{\dfrac{1}{D\bar{p}}}\right)}{1-Dp}\quad(4\text{-}5)$$

由公式(4-5)得到的 Q^* 为提前期最小时的生产批量。

（二）最优的传送批量

生产批量是每次向生产系统投放的在制品数量，传送批量是生产过程中不同工序之间的在制品转移或搬运数量。假定生产批量为 Q 的生产任务经过 $M(M>1)$ 道工序的生产线，p_i 是工序 i 单位产品的加工时间，q 表示工序之间的传送批量，则传送批次的数量为 $L=\dfrac{Q}{q}$，假定 B 为瓶颈工序，$p_B \geqslant p_i(i=1,2,\cdots,M)$。整个任务的提前期为：

$$T = Q \times p_B + q \times (\sum_{i=1}^{B-1} p_i + \sum_{i=B}^{M} p_i) \tag{4-6}$$

从公式(4-6)可知，除了缩短瓶颈工序的时间外，尽量减少传送批量可以降低生产任务的提前期。如果将所有的工序整合到一个工作站，即 $M=1$，则传送批量为 0。此时的任务完工时间最短。否则，$q=1$，即传送批量为 1 单位时，生产任务的提前期最短。本书将传送批量为 1 单位的传送方式称为单件流。

生产线在制品量为：

$$W=M\times q(M\times q\leqslant Q) \tag{4-7}$$

如公式(4-7)所示，单件流时生产线的在制品数量就是工序数量。

（三）提前期最小的单件流 Job Shop 作业排序

在一个包含 n 个产品品种的混流生产线中，Q_j 代表第 j 个品种的生产批量，$j=1,2,\cdots,n$。sti_j 代表第 j 品种单位产品在工序 i 上的加工时间，$i=1,2,\cdots,m_j$，m_j 表示第 j 个品种的工序数。T_j 代表第 j 个品种单位产品在生产线各工序的最大加工时间，$T_j=\max\limits_i\{sti_j\}$。$LT_j$ 代表第 j 个品种的生产提前期。

在满足以下条件时，可以采用数学规划方法得到最优作业排序。

(1) 生产方式离散；

(2) 单个品种作为一个批量被制造，传送方式为单件流；

(3) 加工方式为 Job Shop，即 n 个产品品种经过不同的工艺路线；

(4) 每个品种只有唯一的工艺路线，且每个工序只有一台机器可用；

(5) 工序之间加工与调整准备活动并行开展，且各供需加工与调整准备活动连续进行；

(6) 生产过程中新产品采用静态到达方式；

(7) 不同品种的工艺路线具有一个或多个共享工序。

数学符号表示如下：

S_j 表示第 j 个品种的开始加工时间；

C_j 表示第 j 个品种的完成时间；

$sui_{j,j+1}$ 表示第 i 个工序上从 j 个品种转换到 $j+1$ 个品种的调整时间；

$SU_{j,j+1}$ 表示当从第 j 个品种转换到第 $j+1$ 个品种时，j 和 $j+1$ 在生产线的各共享工序上的调整时间的最大值，称为最大共享工序调整时间，$SU_{j,j+1}=\max\limits_{i}\{sui_{j,j+1}\}$。

第 1 个品种产品的开始生产时间和完成时间分别为：

$$\begin{aligned} S_1 &= 0 \\ C_1 &= \sum_{i=1}^{m_1} sti_1 + T_1 \times (Q_1 - 1) \end{aligned} \tag{4-8}$$

第 2 个品种产品的开始生产时间和完成时间分别为：

$$S_2 = \sum_{i=1}^{m_1} sti_1 + T_1 \times (Q_1 - 1) + SU_{1,2} + T_2 - \sum_{i=1}^{m_2} sti_2 \tag{4-9}$$

$$\begin{aligned} C_2 &= \sum_{i=1}^{m_1} sti_1 + T_1(Q_1 - 1) + SU_{1,2} + T_2 - \sum_{i=1}^{m_2} sti_2 + \sum_{i=1}^{m_2} sti_2 + T_2(Q_2 - 1) \\ C_2 &= \sum_{i=1}^{m_1} sti_1 + T_1(Q_1 - 1) + SU_{1,2} + T_2 Q_2 \end{aligned} \tag{4-10}$$

第 j 个品种的开始生产时间为：

$$\begin{aligned} S_1 &= 0 \\ S_j &= C_{j-1} + SU_{j-1,j} + T_j - \sum_{i=1}^{m_j} sti_j \\ S_j &= \sum_{i=1}^{m_1} sti_1 + T_1(Q_1 - 1) + \sum_{l=2}^{j} SU_{l-1,l} + \sum_{l=2}^{j} T_l Q_l + T_j - \sum_{i=1}^{m_j} sti_j, \quad j = 2,\cdots,n \\ S_j &= \sum_{i=1}^{m_1} sti_1 - T_1 + \sum_{l=2}^{j} SU_{l-1,l} + \sum_{l=1}^{j} T_l Q_l + T_j - \sum_{i=1}^{m_j} sti_j \end{aligned} \tag{4-11}$$

第 j 个品种的完成时间为：

$$C_1 = \sum_{i=1}^{m_1} sti_1 + T_1 \times (Q_1 - 1) \tag{4-12}$$

$$\begin{aligned} C_j &= S_j + T_j \times (Q_j - 1) + \sum_{i=1}^{m_j} sti_j \\ &= \sum_{i=1}^{m_1} sti_1 - T_1 + \sum_{l=2}^{j} SU_{l-1,l} + \sum_{l=1}^{j} T_l Q_l \end{aligned} \tag{4-13}$$

完成最后一种产品的生产就是完成订单的标志，因此，这批订单的提前期为：

$$LT = C_n = \sum_{i=1}^{m_1} sti_1 - T_1 + \sum_{l=2}^{n} SU_{l-1,l} + \sum_{l=1}^{n} T_l Q_l (j = 2, \cdots, n) \tag{4-14}$$

从上式可见，缩短提前期的着力点在缩短最大共享工序调整时间和最大工序加工时间方面。缩短最大共享工序调整时间又称为快速换模。投产顺序按照最大共享工序调整时间最短的顺序安排，就可以缩短生产提前期，解决该问题的方法可以采用货郎担问题的解决思路。

第三节　关键技术 3——大规模精益定制

大规模精益定制的思路是首先基于相似性、重用性和全局性原理，区分相似信息和个性环节；然后利用标准化、模块化和通用化等方法，对各种产品所需的零部件和生产进行标准化和通用化设计；最后通过产品模块和生产过程模块的修改或组合实现产品差异化。

一、大规模精益定制的生产模式

定制生产的主要任务是将差异化点尽可能向最终产品和生产过程的下游移动，产品的标准化模块采用存货生产方式，非标准化零部件采用按订单生产方式，如图 4-6 所示。

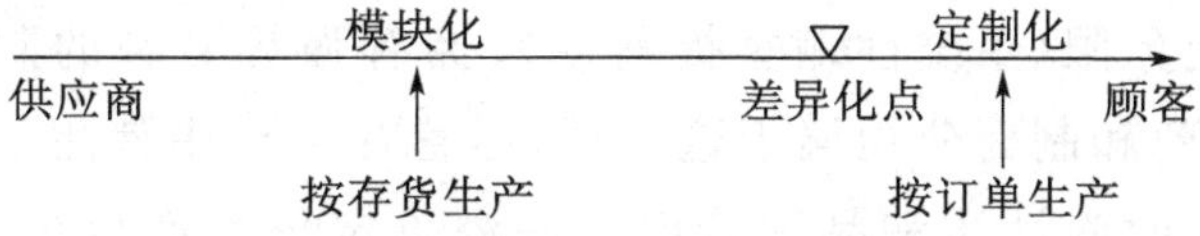

图 4-6　存货生产与订单生产的划分

二、基于流程再造的产品差异化策略

Ferdows 等把制造商按产品特征和工艺柔性分类；Bicer 等采用该分类，依据对供应链产品差异化的研究结论，分出了四种延迟差异化与提高利润的策略(图 4-7)。

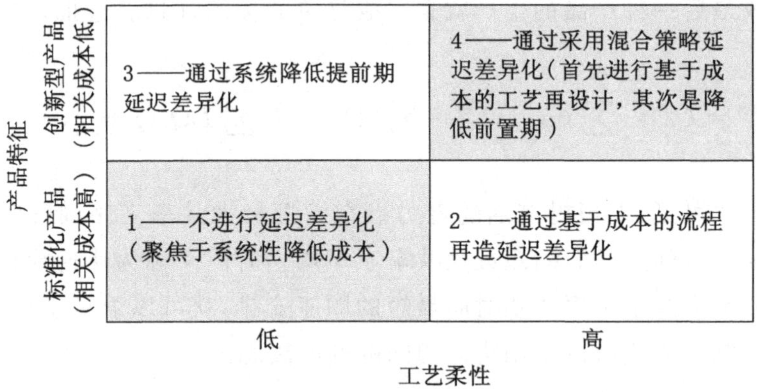

图 4-7　产品差异化策略

1——左下象限(系统性降低成本)：该类制造商使用行业标准生产方法，采用的流程高度标准化，因此，无法实现基于成本的流程再造。延迟差异化并不适合产品标准化、工艺柔性低的企业。考虑到这类产品利润率低、成本占比高的特点，系统降低成本是提高利润率的唯一可行策略。由于原材料成本可能占此类行业总收入的 80%，因此制造商往往试图通过向供应商施压来降低上游成本。

2——右下象限(基于成本的流程再造)：有些生产标准化产品的制造商在工艺柔性方面表现也很出色。这类制造商可以采用基于成本的工艺设计，以应对产品差异化。采用基于成本的流程再造，使制造商能够更多地利用上游库存池，同时提高下游预测精度。

3——左上象限(系统性缩短提前期)：拥有强势品牌的制造商，如一些时尚服装制造商和制药公司属于这一类，尽管在生产中使用了标准化工艺，但产品的创新/时尚性质和品牌价值允许溢价定价并产生更高的利润。由于标准化流程几乎没有重组的空间，提前期是管理产品差异化的唯一杠杆。

与 Zara 一样，这类制造商应该系统地减少提前期，延迟差异化，从而提高响应能力和利润。

4——右上象限(混合策略)：拥有专利产品和工艺的制造商，如英特尔，可以通过产品设计和工艺技术使自己与众不同。它们的产品在市场上以很高的利润率销售，使缩短交货期很有吸引力。较高的工艺柔性使采用流程再造推迟高成本活动成为可能，也会放大通过缩短提前期而产生的价值。这类制造商非常适合采用基于成本的流程再造与降低提前期相结合的混合策略。

第四节　关键技术 4——供应链的可视化

一、电商企业实施供应链可视化的需求分析

(一) 采购可视化需求分析

采购是企业供应链增值的第一个环节。企业采购活动所关注的重点是如何选择供应商、如何进行供应商的绩效评价以及信息的沟通机制，因此，企业越来越注重与供应商的合作伙伴关系。降低采购成本、库存管理和风险控制是采购管理的难点。供应链上下游的信息透明化是电商企业突破管控重点与难点的基础。对于需求变化非常快的产品市场而言，供应链传递信息的有效性与实时性更是影响采购绩效的关键。

(二) 生产可视化需求分析

生产涉及的活动多、环节复杂，参与协作的部门较多。市场需求一旦发生变化，从销售到生产各环节就要快速行动起来，集成来自生产、销售和物流等部门的信息，采取正确的应对措施，制订合理准确的生产计划。若将生产活动进行外包，则电商企业要与代工工厂建立一套科学的外包管理制度。企业处于复杂多变的市场环境之中，生产运行的不确定性和动态性增强，所以要加强与代工工厂之间信息表达和理解上的一致性。在生产管理环节需要注重与各部门之间的协调运作，在生产进度控制、生产节奏、提前期管理、库存控制和在制品管理等方面实现同步化运作。

(三) 物流可视化需求分析

电子商务企业的物流活动与一般工商企业的物流活动一样，也包括供

应(采购)物流、生产物流、销售物流,以及退换货物流(逆向物流)。供应物流主要涉及原材料和辅料的采购活动,包括对供应商管理、采购时间和采购数量的确定等。生产物流主要涉及生产物料在各道生产工序之间的流转,如物料流转方式、流转过程中物料数量与质量的管理,以及在制品的仓储与库存管理。电商产品的SKU数量较多,给销售物流管理带来了很大的难度,必须利用物流信息系统来加强这方面的管理。销售物流活动包括成品的储存、运输包装、产品发送和成品的库存管理。销售物流活动效率的高低会直接影响到产品的成本,进而对产品的销售情况也会有所影响。逆向物流包括因产品破损、交货延迟以及有缺陷产品的退货,也包括因产品样式问题消费者需进行的换货行为。电商企业在与原材料供应商和消费者交流沟通过程中会产生大量信息,为提高电商企业物流的运作效率,必须保证信息在各节点之间流通顺畅,将信息准确反馈给各个作业环节。

(四)销售可视化需求分析

销售活动是供应链的最后一个环节,也是最关键的环节。销售活动与消费者市场密切联系,如果市场需求预测准确,企业就会获得较高的利润;如果需求预测不准确,就会出现产品滞销,进而会给企业造成巨大的损失,供应链上的其他企业也有可能因此受到损失。将准确的销售数据和市场动态信息及时传递给企业管理者,才能帮助他们做出正确的决策。由此可见,信息及时准确的传递对销售活动同样很重要。

二、供应链可视化各环节的目标需求

通过以上分析可知,实现信息的共享,提高供应链各企业之间的协同能力,对加快市场需求的响应速度,以及提高整条供应链的竞争力是非常有必要的。实现以上目标就需要建立以市场为导向的敏捷型供应链,可以帮助企业管理者迅速做出正确的决策。因此,要保证供应链上的信息是实时的、可视的,才能提高信息的利用率和价值。同时,供应链上各结点之间也需要明确相互之间的可视化目标,可视化目标需求如表4-1所示[115]。

表 4-1　供应链各环节可视化目标需求

	采购	生产	物流	销售
采购	—	1. 掌握采购订单信息和采购流程； 2. 知道供应商的供货物流情况； 3. 了解供应商及产品、工艺等生产信息	1. 掌握供应商产品的运输、配送等计划； 2. 掌握客户对运输要求的信息(时间、地点、包装等)	1. 了解采购的原材料属性； 2. 了解原材料供应商的信息
生产	1. 掌握产品的生产计划(MRP、生产流程)； 2. 掌握生产进度信息； 3. 掌握生产现场的用料信息； 4. 掌握生产现场的缺料及原材料耗损情况； 5. 了解生产流程工艺	—	1. 掌握生产用料进度、生产计划和工艺流程等信息； 2. 掌握原材料现场加工、搬运装卸、运输信息； 3. 掌握生产现场的缺料及原材料库存信息； 4. 掌握采购计划与补货信息	1. 了解生产计划和生产进度安排； 2. 掌握在制品与产成品的产量情况； 3. 了解生产流程； 4. 掌握生产工艺和生产质量信息
物流	1. 掌握原材料的运输和配送信息； 2. 掌握原材料在途信息； 3. 知道送货车辆、司机和物流公司的信息	1. 掌握物料现场的发放、补给计划； 2. 掌握物料现场的供应信息； 3. 掌握原材料库存及缺料信息	—	1. 掌握产品的运输配送计划； 2. 了解产品的在途信息； 3. 知道运输车辆、司机和物流公司信息
销售	—	1. 掌握一线的销售动态信息和订单动态及需求信息； 2. 掌握退换货、损坏信息； 3. 知道市场需求预测的信息； 4. 知道销售环节产品库存信息	1. 掌握销售终端配货、送货计划； 2. 掌握销售终端的缺货信息； 3. 掌握销售终端客户信息； 4. 了解销售库存信息	—

综上所述，供应链可视化对于各环节来说，采购环节的目标需求是供应商与制造商之间共享必要的信息；及时掌握原材料的库存信息，提高原材料仓储作业的效率。生产环节的目标需求是结合目前供应链合作的需要，内部生产与供应商、经销商打通，共享必要的信息；采用一定的可视化技术，实时采集生产线上的数据。物流环节的目标需求是实现货物的定位、在途跟踪；运输路线优化；提高作业效率；实现整个物流环节的"可视化"。销售环节的目标需求是与上游企业实现信息互动；实现销售系统与总部的系统对接；采用相关可视化技术实现商品返单和提高退货、损坏商品的处理效率。

三、供应链可视化的关键技术

要实现供应链的可视化，就需要采用相应的可视化技术。可视化技术包含多种信息技术，比如自动识别技术、计算机技术、网络通信技术、传感技术等，以及与物流活动相关的 IT 技术，比如 Bar code、RFID、EDI、GPS/GIS，以及 ERP、WMS 等[116]。通过使用这些信息技术和相关的业务管理系统，可以实现供应链各作业环节的数据采集、传输、储存以及分析处理等，进而实现供应链的可视化。

（一）RFID 技术在供应链可视化中的应用

RFID 即射频识别，该技术能保证供应链原始信息采集的准确、及时、可靠。实现供应链可视化的第一步就是要准确采集信息，这也是最重要的一步。因为 RFID 技术能够实现货物的自动识别与跟踪，它对货物信息识读的准确率要高于条码技术，在提高自动化物流作业的同时，还可以降低人工作业的差错率，进而提高供应链物流作业的效率，这也是 RFID 技术能够成为可视化关键技术的原因。在对货物进行识别的同时，可以进行数据的采集，丰富供应链上的信息流，从而提升供应链的透明度和可视化程度。RFID 技术的信息存储量也大于条码技术，在对货物识读时可采集到产品原产地、加工、物流状态以及位置等信息，人们想要了解哪方面的信息都可以随时调取出来。要实现敏捷供应链，也必须加强 RFID 技术的应用，在掌握供应链上货物流转信息的同时，也能有效避免牛鞭效应的产生。正是由于 RFID 技术具有可视化的特殊能力，才会使得供应链的反应更加敏捷。

采用 RFID 技术实现供应链的可视化具有减少企业货物丢失、减少手工操作时间、提高数据的准确性等好处。

（二）EDI 技术在供应链可视化中的应用

EDI 即电子数据交换，该技术的使用可以帮助企业间实现订单、发票等经济文件自动、及时、准确的传输。EDI 是一种无纸化贸易活动，可以实现企业间销售数据、库存等信息的共享；它是电子商务物流中非常重要也十分必需的一种信息技术。通过使用 EDI 技术，买方的 MRP（物料需求计划）系统的采购计划与订单可以自动传输给制造商，制造商发货后会将电子票据（发票、发货通知等）传递给买方和物流服务商等结点企业，通过 EDI 将各个企业及采购、生产、物流、财务等相关部门联系起来，实现信息数据和单据在这些企业及部门之间的快速流转，达到信息共享的目的。同时 EDI 还具有安全保密的功能，在实现供应链可视化的同时，也能够保证单据文件传输过程的安全性。因此 EDI 技术既加快了交易的进程，也提高了信息流通的准确性和速度，是实现供应链可视化的关键技术之一。

（三）GPS 在供应链可视化中的应用

GPS 即全球定位系统，包括空间卫星系统、地面监控系统和用户接收系统三部分。GPS、GIS（地理信息系统）和 GSM（全球移动通信系统）技术的使用，是实现在途货物跟踪的主要技术。使用这些技术既可以实时获取货物状态和位置信息，也可以对物流各作业环节进行指挥、调度等控制工作，既服务于企业，也能服务于客户。GPS 可以将接收到的数据进行处理，经过对 GIS 数据库进行查询，就可以在电子地图上显示出车辆的位置，从而为车辆规划合理的路线，或者进行车辆调度，提高运输及配送的效率，降低运输成本。GPS 也可将数据通过 GSM 通信机发送到 GSM 公用数字移动通信网，位置坐标等数据还原后，查询 GIS 数据库，同样可以在电子地图上显示出车辆的位置，用户可以查询到车辆及货物的动态信息。由此可见，GPS 的应用，也可以丰富供应链上的信息流，并实现车辆、货物等信息的及时共享，帮助企业做出合理的运输、配送决策，为客户提供更好的服务。GPS 的作用不仅体现在公路运输方面，在铁路运输、水路运输和航空运输方面同样发挥着非常重要的作用。因此，GPS 也是实现供应链可视化的关键技术之一。

四、供应链可视化关键测量指标

（一）需求可视化关键测量指标

企业需要准确地掌握顾客实际需求后才能合理地安排生产计划、制定库存控制策略，而获得顾客实际需求的唯一途径就是顾客订单，企业通过顾客订单可以了解顾客订货的周期及实际需求。在传统供应链运作中，往往有牛鞭效应问题的存在。牛鞭效应现象的产生，就是信息不共享造成需求信息沿着供应链逐级向上传递过程中出现需求变异放大的现象。需求信息传递到制造商和供应商时，已经发生了扭曲，它们得到的并不是顾客的实际需求，而是经过各个节点修正以后的预测值。如果按照该数据制订生产计划，则会造成供应链上库存的积压，企业自身也会有损失。解决该问题的根本措施就是实现信息共享。通过供应链可视化系统，可以让供应链上的各个节点企业都能得到客户的实际订单，看到顾客的实际需求。因此，通过可视化供应链可以准确地预测客户需求，做出合理的采购与生产决策以应对市场的快速变化。有研究表明，需求可视化的测量指标主要包括订单信息、销售预测和订单进度，涉及企业产能、顾客需求、物料需求、劳动力需求和环境健康安全保障等方面，在这些环节中必须保持较高的可视性。

（二）生产可视化关键测量指标

供应链的生产可视化系统会覆盖供应链系统中的产品研发、生产、销售以及顾客反馈等多个环节。因此，生产可视化的测量指标也包括了产品设计、销售预测、订货信息、产能信息等多项指标。生产可视化的关键技术主要有条码技术、RFID技术、EDI技术等，通过这些技术的使用可以实现产品信息、销售数据、产能信息和订单信息等的共享，帮助企业及时调整生产计划，改进生产技术方法，及时解决生产环节遇到的问题，从而提高生产计划的执行和管控的有效性与敏捷性。而信息流的畅通则保障了生产执行系统的高效稳定运行，有助于实现生产的可视化。

（三）供应可视化关键测量指标

供应链风险主要包括供应商供应风险、生产风险以及市场需求风险。前面已经分析了如何实现需求和生产的可视化，这样可以有效降低需求和生产风险事故发生的概率。而实现供应可视化则可以降低供应风险事故发生的概率。供应风险主要来自原材料的供应环节，所以要及时了解原材料的库存信息、供应商的供应能力，以及市场对原材料的需求情况等。供应可视化的测量指标包括订货信息、原材料的库存信息和运输信息。供应可视化的实现需要能够预先判断可能会发生的供应风险，然后采取相关的应对措施来减轻风险对企业可能造成的影响，帮助企业正常运行。供应可视化系统也需要采用 EDI、RFID 等信息技术，实现供应能力、订单与库存等信息的共享，保证供应的及时性和准确性。

（四）供应链可视化指标结构

综上所述，可以得到供应链可视化测量指标结构，如图 4-8 所示。由图 4-8 可知，订单信息和库存信息的共享在供应链可视化系统中是非常重要的。在电子商务环境下，及时分享原材料和产品的运输信息对企业和客户来讲也是非常必要的。除此之外，顾客的订单信息、销售预测信息以及产品设计信息等指标对供应链可视化的测量也是必不可少的[117]。

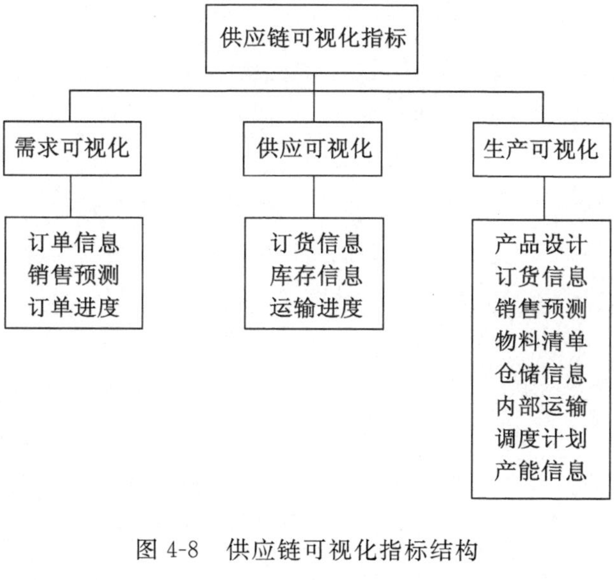

图 4-8　供应链可视化指标结构

对于供应链可视化系统的构建，需要协调各部门相互间的关系，这是非常重要的。根据研究结果可以得到构建供应链可视化系统的关键因素：订单信息、库存信息以及订货信息。目前大部分企业已经能够实现企业内各部门之间的信息共享。随着大数据时代的到来,电子商务企业更应该具备供应链管理的思想,建立企业联盟,通过采用供应链可视化的关键技术实现信息的共享,降低电商企业的供应链运营风险,提高运作绩效。

第五章　用户参与创新对市场需求及E-供应链收益的影响

第一节　用户参与创新对新产品销量的影响

用户参与创新的动机来自多方面，如利他心理、奖金激励，此外，部分参与创新的用户更可能对创新产品具有潜在需求。因此，本章将主要探究参与创新用户数量与新产品销量的关系，揭示参与创新用户数量对新产品销量的预测能力。同时，对创新主题感兴趣的平台用户在参与创新之前会先浏览创新主题，然后再决定是否提出意见，因此，浏览创新主题的用户数量必然会大于提出意见的用户数量，而浏览创新主题的用户应该也是创新主题关联产品的潜在需求者，这部分用户数量也会影响新产品的销量。

一、用户参与创新的E-供应链案例

网易严选是网易邮箱团队的孵化项目，2016年4月正式上线。网易严选创立的背景是2006年开始中国很多传统品牌企业在逐渐向电商转变，而真正转变成功的企业为数不多，主要原因在于品质服务和商业信誉。网易严选立足于缩短工厂和消费者之间的距离，让消费者和工厂之间建立直接的联系，推动电商往高品质、合适的价格、好的服务方向发展。网易严选仅上线了一个月总成交额就超过了3 000万元。2017年，网易电商业务营收达116.7亿元，同比增长156.94%，成为网易第二大营收来源。2018年，网易电商业务的营收为192.35亿元，同比增长65%。尽管2019年增长速度放缓，但总量依然可观。中国电子商务平台企业也逐步效仿网易严选的电子商务ODM模式，如京东京造、淘宝心选和小米有品等。在消费者价值共

创领域，网易严选开设了甄选家用户参与创新平台，包括样式甄选、建议征集和样品试用。其中样式甄选是选择题，用户创新参与深度不高；样品试用是对新产品的测评，更侧重于产品质量证明；建议征集是对用户潜在需求的挖掘，通过创意征集活动的标题及导语，引导参与创新用户提出的意见向想要征集的方向发展，根据用户创新参与的结果，如参与创新用户数量、观看创新活动用户数量、创新用户的需求等决策是否要供给创新产品，以及创新产品的数量，如图 5-1 所示。

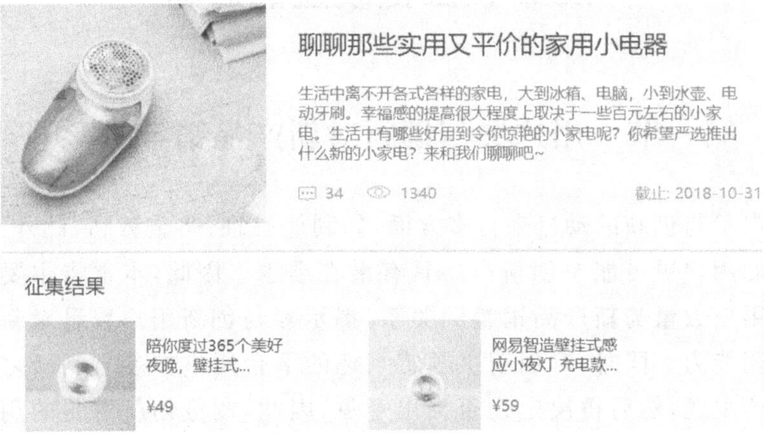

图 5-1　网易甄选用户参与创新的活动示例

二、研究变量

参与平台创新的用户包含两部分，一部分是直接提出意见的用户，另一部分是浏览创新主题的用户。这两部分用户很可能是创新主题关联产品的潜在消费者，因此，将提意见用户和浏览创新主题用户的数量作为自变量，将创新主题关联产品的销量作为因变量，探究参与创新用户对新产品销量的影响。

三、实证分析

（一）数据处理

网易严选开设了甄选家平台中的用户建议模块的数据。由于获取的数据是截面数据，产品上线的时间存在差异，根据 Hu 和 Pandu 的研究发现，不同的产品上线时间对促销销量的影响存在差异。为了避免这种影响，以自上线以来平均每周的销量作为因变量。同时建议数、主题浏览数都采用周平均值，其中浏览数包含建议数，因此用浏览数减去建议数得到净浏览数。由于已经售罄的新产品销售数据无法获得，而产品的累积评论能够反映产品的销量情况，因此用产品的累积评论测度新产品的销售量。创新活动产生的新产品周销量、周建议数、周净浏览数与新产品价格的描述性统计结果如表5-1所示。

表5-1 新产品周销量、周建议数、周净浏览数与价格的描述性统计表

统计项	新产品价格/元	周建议数/条	周次浏览数/次	周销量/个
平均	217	890	49	1 124
标准误差	39	92	6	169
中位数	99	554	19	368
众数	10	759	17	198
标准差	373	876	59	1615
方差	139 070	767 613	3 480	2 606 717
峰度	21	1	1	8
偏度	4	1	2	3
区域	2 590	3 977	216	8 844
最小值	9	45	3	1
最大值	2 599	4 022	219	8 845
求和	19 789	80 992	4 481	102 265
观测数	91	91	91	91
置信度(95%)	78	182	12	336

（二）相关分析

通过相关分析得到表5-2，从表5-2中可见，创新活动周建议数、新产品价格、创新活动周净浏览数与新产品周销量的相关性逐次递减，新产品价格与新产品周销量具有负相关关系，创新活动周建议数和创新活动周净浏览数与新产品周销量正相关，四者的相关性均较弱。

表 5-2　创新活动周建议数、周净浏览数及新产品价格对新产品销量的影响

	新产品价格	周建议数	周净浏览数	周销量
新产品价格	1			
周建议数	−0.07	1		
周净浏览数	0.03	0.80	1	
周销量	−0.24	0.31	0.16	1

（三）关系探索

（1）创新活动周建议数对新产品周销量的影响。从创新活动周建议数与新产品周销量的相关系数来看，它们的相关性并不高。绘制创新活动周建议数与新产品周销量的散点图（图 5-2），从散点图的形状来看，在周建议数相同时，新产品的周销量差异仍比较大，说明周建议数对新产品的销量影响不大，还有其他更重要的因素在影响新产品的销量。尽管如此，从图 5-2 中也可以看到创新活动周建议数与新产品周销量表现出了正相关关系，与幂函数、多项式、指数和对数函数形式相比，二者关系采用线性函数拟合时拟合优度最高，基本可以达到 45%。

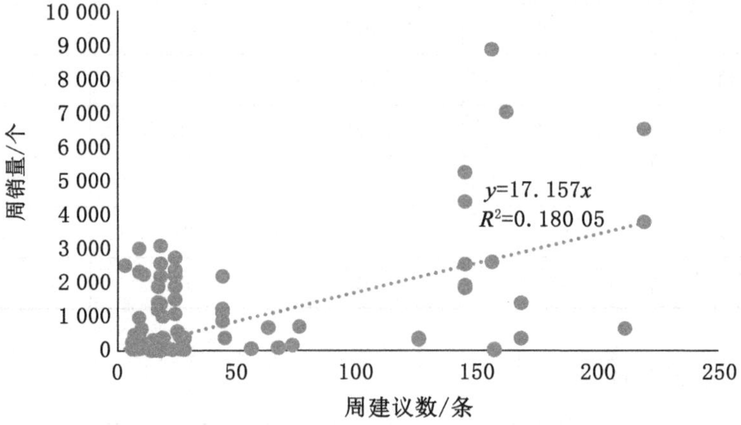

图 5-2　周建议数与周销量的关系

（2）新产品价格与新产品周销量的关系。从新产品价格与新产品周销量的相关系数来看，二者具有负相关关系，但相关性不高。绘制新产品价格与新产品周销量的散点图（图 5-3），从散点图的形状来看，二者表现出了幂函数的关系，在进行趋势拟合时，与线性、多项式、指数和对数函数形式相比，二者关系采用幂函数拟合时的拟合优度最高，约为 34%。

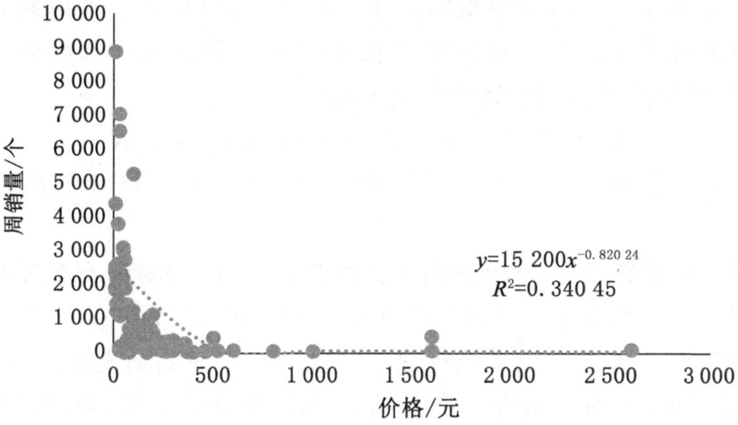

图 5-3 新产品价格与周销量的关系

（3）创新活动周净浏览量与新产品周销量的关系。从创新活动周净浏览量与新产品周销量的相关系数来看，二者具有正相关关系，但相关性最低。绘制创新活动净浏览量与新产品周销量的散点图（图 5-4）。

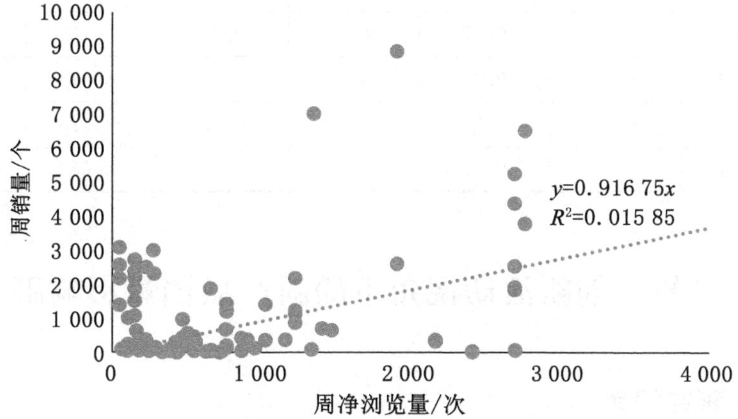

图 5-4 创新活动周净浏览量与周销量的关系

从散点图的形状来看，二者表现出了线性函数的关系，在进行趋势拟合时，与幂函数、多项式、指数和对数函数形式相比，二者关系采用线性函数拟合时的拟合优度最高，约为 34%。

（四）模型构建与统计检验

汇总散点图各变量之间的关系，创新活动周建议数、创新活动周浏览量和新产品价格与新产品周销量的关系可以表示为(1)式。考虑到新产品价位与周销量的线性函数表达的拟合优度损失不多以及幂函数计算的复杂性，将新产品价格的影响用线性相关表现。

$$Q(S,P,R)=a_2\times S+(c_2-d_2P)+f_2\times R \tag{5-1}$$

其中 S,P,R 分别表示创新活动周建议量、新产品价格和创新活动周浏览量。

为了避免量纲的影响，在进行多元线性回归前，先对所有数据进行无量纲化处理。在观测样本为 91 时，多元线性回归的 R^2 为 0.3，回归分析的 F 值为 12.67，各变量的系数及统计显著性见表 5-3，从统计检验结果来看，式(5-1)具有显著性，可以解释新产品销量 30% 的方差变动，新产品价格和周建议数对新产品周销量的影响也通过了显著性检验，其中新产品价格负向影响周销量，周建议数正向影响周销量，新产品价格对周销量的影响程度最高，创新活动周净浏览量对新产品周销量的影响未通过显著性检验。

表 5-3　创新活动周建议数、周净浏览量与新产品价格对新产品周销量的影响

	系数	标准误差	T 统计值	P 统计值	下限 95%	上限 95%
Intercept	0.27	0.07	3.91	0.00	0.13	0.41
新产品价格	−0.53	0.20	−2.61	0.01	−0.93	−0.13
周净浏览量	−0.09	0.08	−1.09	0.28	−0.25	0.07
周建议数	0.11	0.03	3.96	0.00	0.05	0.17

第二节　创新活动视角下的新产品销量影响研究

一、研究视角

若将研究侧重点放在创新活动对新产品的绩效影响时，则以创新活动为基本样本单位。创新活动所产生的新产品数量有差异，且不同新产品的价格也存在差异。而由于创新产品属于同类型产品，价格差异不大，例如关于百元小家电的创意征集活动产生了两个小夜灯产品，定价分别是 49 元和 59 元，因此，我们可以用该创新活动产生的同类型产品的平均价格（如两个小夜灯的均价）代表该创新活动所产生新产品的价格。

二、实证分析

（一）描述性统计

创新活动产生的新产品周销量、周建议数、周净浏览数与新产品价格的描述性统计结果如表 5-4 所示。

表 5-4　基于创新活动的新产品周销量、周建议数、周净浏览数与价格的描述性统计表

统计量	新产品周销量/个	周建议数/条	周净浏览数/次	新产品价格/元
平均	2 266.11	43.38	792.53	245.86
标准误差	563.38	7.38	111.24	53.38
中位数	368.31	18.40	484.45	149.00
众数	—	—	657.05	189.00
标准差	4 215.97	55.19	832.48	399.47
方差	17 774 396.33	3 046.08	693 015.16	159 580.22
峰度	5.44	2.77	3.83	22.32
偏度	2.40	1.96	1.93	4.27
区域	18 854.26	215.04	3 975.81	2 589.10
最小值	1.60	3.96	45.69	9.90
最大值	18 855.85	219.00	4 021.50	2 599.00
求和	126 902.40	2 429.29	44 381.93	13 768.31
观测数	56	56	56	56

(二) 相关分析

利用相关分析,创新活动周建议数、新产品价格、创新活动周净浏览数与新产品周销量的相关性依次递减,新产品价位与新产品周销量具有负相关关系,创新活动周建议数和创新活动周净浏览数与新产品周销量正相关,具体相关系数如表 5-5 所示。

表 5-5　基于创新活动的周建议数、周净浏览数及新产品价格对新产品销量的影响

	新产品周销量	周建议数	周净浏览数	新产品价位
新产品周销量	1			
创新活动周建议数	0.33	1		
创新活动周净浏览数	0.19	0.71	1	
新产品价位	−0.22	−0.04	0.08	1

(三) 关系探索

利用创新活动周建议数、创新活动周净浏览数以及新产品价格与新产品周销量的散点图探索消费者创新参与对新产品需求的影响。

(1) 创新活动周建议数与新产品周销量的关系。从创新活动周建议数与新产品周销量的相关系数来看,它们的相关性并不高。绘制创新活动周建议数与新产品周销量的散点图,如图 5-5 所示。

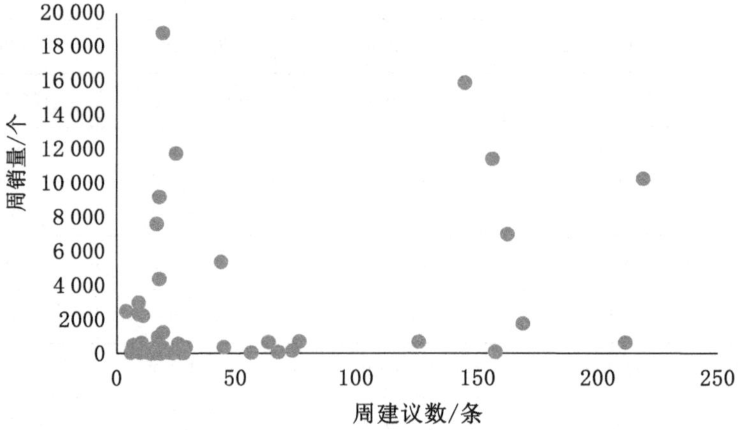

图 5-5　创新活动周建议数与新产品周销量的关系

从图 5-6 中可见，由于新产品的销量差异较大，放在一张散点图中容易掩盖销量偏低的情况下创新活动周建议数与新产品周销量的关系。因此，将新产品周销量高于 2 000 个与低于 2 000 个的样本拆开观察。周销量高于 2 000 个的样本中，创新活动的周建议数与新产品周销量的关系如图 5-6 所示，二者表现出了正相关关系，与线性、多项式、指数和对数函数形式相比，幂函数拟合优度最高，基本可以达到 45%。

周销量低于 2 000 个的样本中，创新活动的周建议数与新产品周销量的关系如图 5-7 所示，二者仍然表现出正相关关系，与幂函数、多项式、指数和

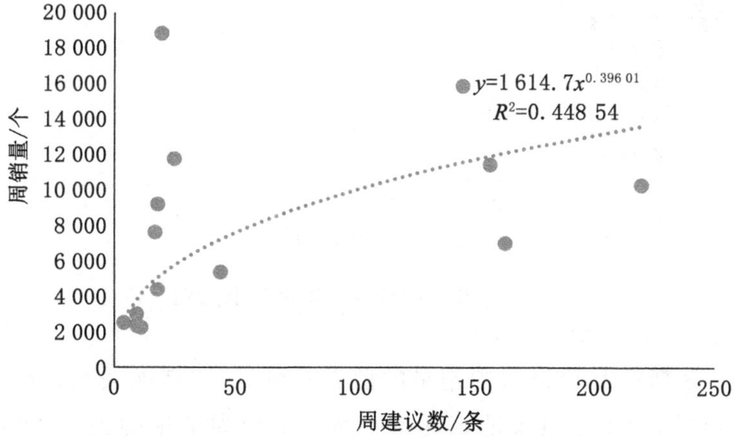

图 5-6　周销量高于 2 000 个的样本创新活动周建议数与新产品周销量的关系

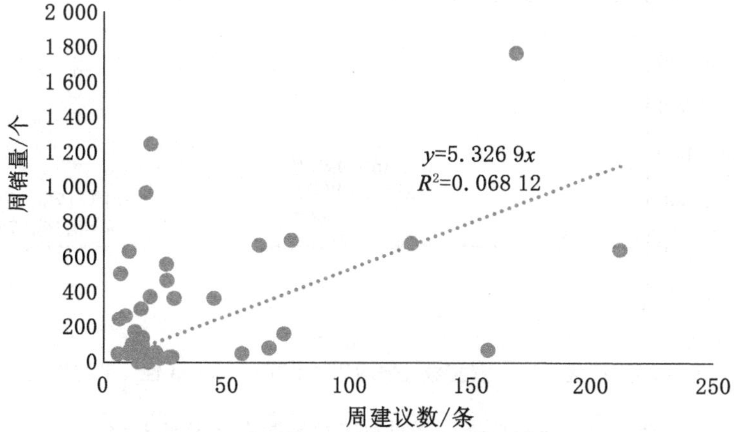

图 5-7　周销量低于 2 000 个的样本创新活动周建议数与新产品周销量的关系

对数函数形式相比，线性无截距函数拟合优度最高，基本也可以达到 45%。

(2) 新产品价格与新产品周销量的关系。从新产品价格与新产品周销量的相关系数来看，二者为负相关，且相关性较低。绘制新产品价格与新产品周销量的散点图，如图 5-8 所示。

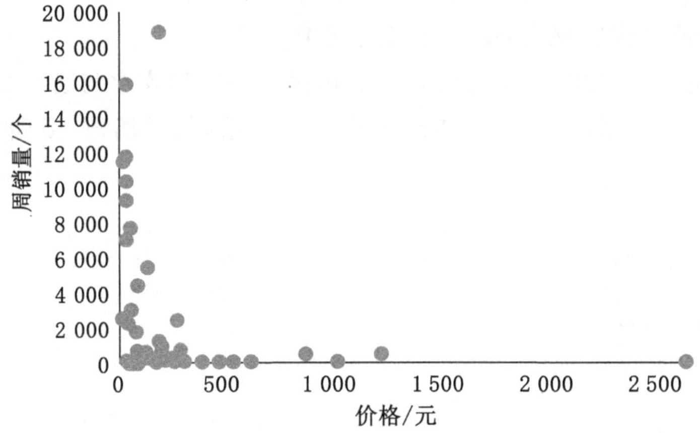

图 5-8　新产品价格与周销量散点图

从图 5-8 新产品价格与周销量的散点图可见，二者的关系是可以刻画为幂函数的形式，为了更直观地表现新产品价格与周销量的关系，将新产品的价格以 50 元、100 元、200 元、300 元和 500 元为分割线划分为 6 个区间，新产品价位区间与周销量的关系仍然表现为幂函数形式，如图 5-9 所示。

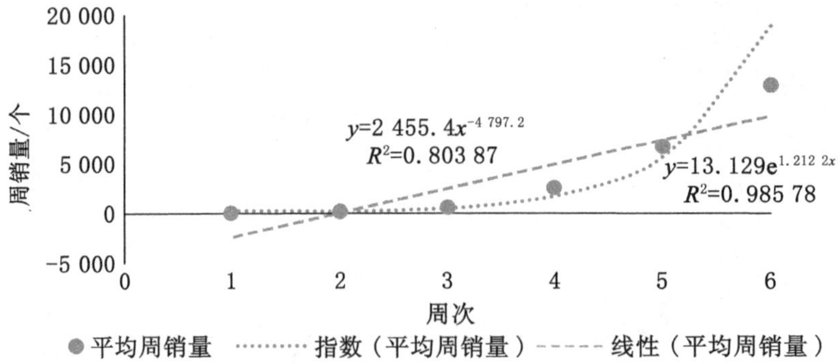

图 5-9　新产品价格区间与周销量散点图及关系拟合

（3）创新活动周净浏览数与新产品周销量的关系。从创新活动周净浏览量与新产品周销量的相关系数来看，它们的相关性不高。绘制创新活动周净浏览数与新产品周销量的散点图，如图 5-10 所示。

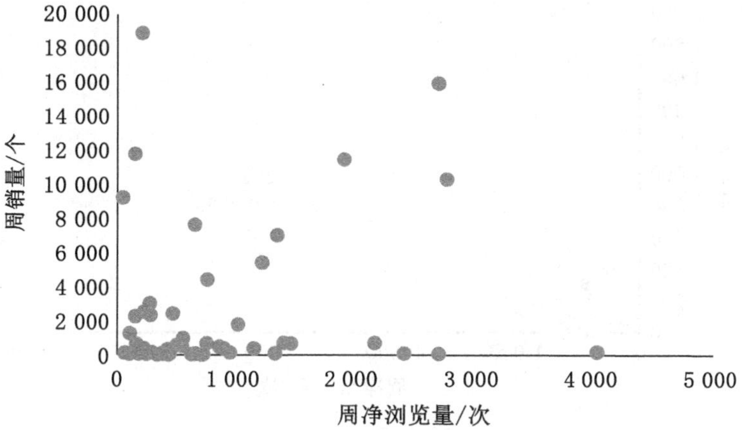

图 5-10　创新活动周净浏览量与新产品周销量的关系

从图 5-10 中可见，由于新产品的销量差异较大，放在一张散点图中容易掩盖销量偏低的情况下创新活动周净浏览量与新产品周销量的关系，因此，将新产品周销量高于 2 000 个与低于 2 000 个的样本拆开观察。周销量高于 2 000 个的样本中，创新活动的周净浏览量与新产品周销量的关系如图 5-11 所示，二者表现出了正相关关系，与幂函数、多项式、指数和对数函数形式相比，线性无截距函数拟合优度最高，基本可以达到 55%。

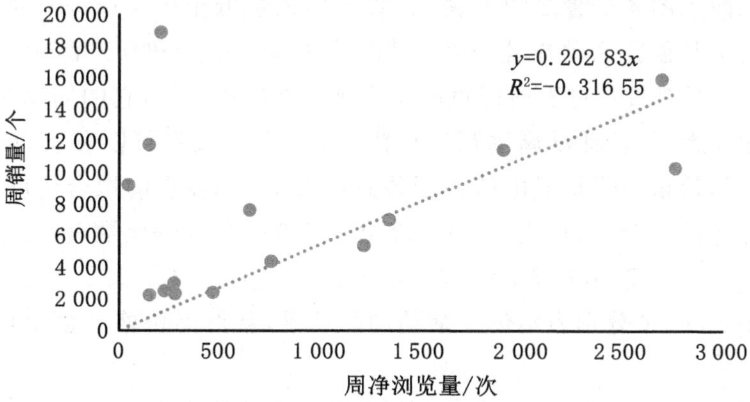

图 5-11　周销量高于 2 000 个的样本创新活动周净浏览量与新产品周销量的关系

周销量低于 2 000 个的样本中,创新活动的周净浏览量与新产品周销量的关系如图 5-12 所示,二者仍然表现出正相关关系,与幂函数、多项式、指数和对数函数形式相比,线性无截距函数拟合优度最高。

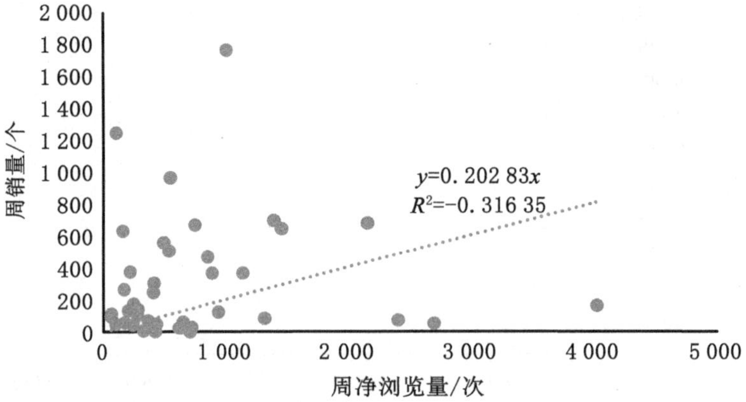

图 5-12　周销量低于 2 000 个的样本创新活动周净浏览量与新产品周销量的关系

（四）模型构建与统计检验

基于以上散点图的启示,以周销量 2 000 个为界,增加 1 个虚拟变量,将样本分为周销量高于 2 000 个和低于 2 000 个两组;将新产品价格映射为新产品价格区间,为了保留价格高低对新产品周销量的影响,用 1～6 数字表示价格区间,数值越大价位也越高;对于除 0、1 变量的数据进行无量纲化处理。

汇总散点图各变量之间的关系,对于周销量低于于 2 000 个的新产品,它的周销量与创新活动周建议数、创新活动周浏览量和新产品价位的关系可以表示为式(5-1),对于周销量高于 2 000 个的新产品,它的周销量与创新活动周建议数、创新活动周浏览量和新产品价位的关系可以表示为式(5-2)。由于新产品价格与周销量的线性函数只损失了 3%左右的拟合优度,考虑到幂函数计算的复杂性,在式(5-2)中价位的影响采用线性函数表达。

$$Q(S,P,R)=a_1\times Sb_1+(c_1-d_1P)+f_1\times R \tag{5-2}$$

其中 S,P,R 分别表示创新活动周建议量、新产品价格和创新活动周浏览量。

由于电商平台用户参与创新,然后创新活动的产出直接转化为产品进行销售属于新现象,样本的累积量不够,尤其是周销量高于 2 000 个的产品仅有 15 个，不适合进行统计学分析，且式(5-2)无法直接采用多元线性回归进行验证。因此，本部分仅对周销量低于 2 000 个的式(5-1)进行统计学检验，在观测样本为 41 时，多元线性回归 R^2 为 0.28，回归分析的 F 值为4.85，各变量的系数及统计显著性见表 5-6。从统计结果来看，创新活动周建议数对新产品周销量具有正向影响，而新产品价格和创新活动周浏览量对新产品周销量的影响未通过显著性检验。

表 5-6　创新活动周建议数、新产品价位和创新活动周浏览量对新产品周销量的影响

	系数	标准误差	T 统计值	P 统计值	下限 95%	上限 95%
Intercept	0.01	0.00	3.43	0.00	0.01	0.02
周建议数	0.06	0.02	3.69	0.00	0.03	0.09
周净浏览量	−0.03	0.02	−1.87	0.07	−0.07	0.00
新产品价位	−0.01	0.02	−0.66	0.51	−0.04	0.02

第三节　用户参与创新对 E-供应链利润的影响

在电商企业、电商平台与平台用户构成的 E-供应链中，创新活动一般由电商企业主导，电商平台负责在平台上增加用户参与创新的功能，例如网易严选的样式甄选、建议征集(如图 5-13)；负责提供用户参与创新的成果转化功能，例如网易严选和小米有品的的众筹功能(如图 5-14)；也负责参与创新用户的奖励，例如网易严选对参与意见征集的用户提供创新奖励(如图 5-15)。

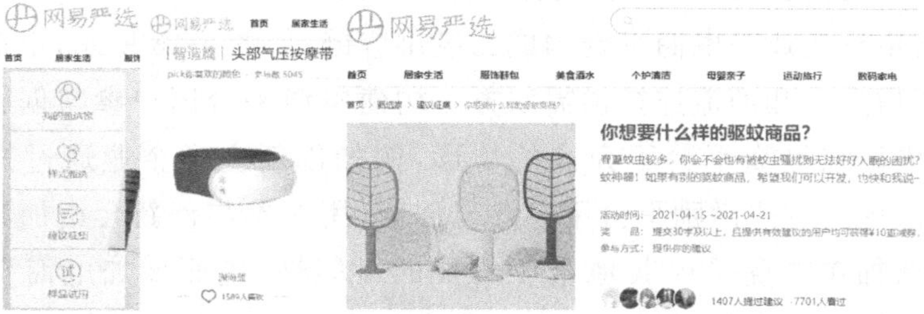

图 5-13　电商平台提供的用户参与创新服务功能

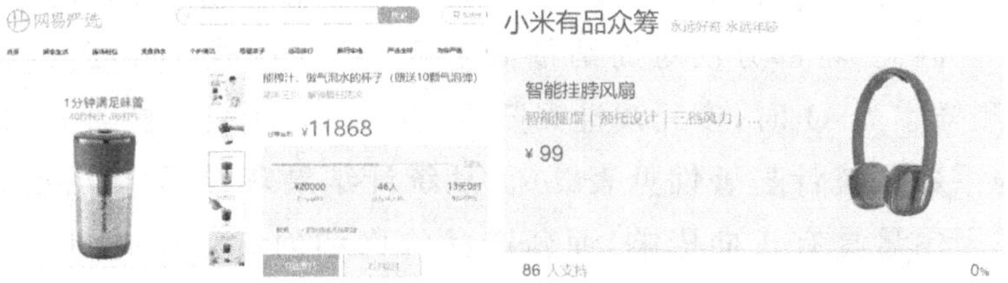

图 5-14　电商平台提供的众筹服务功能

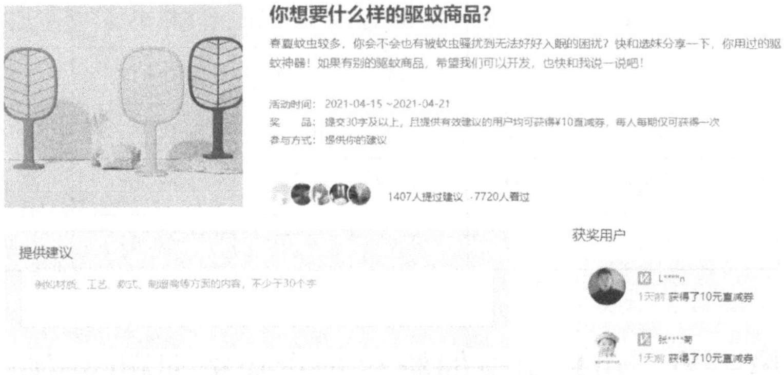

图 5-15　电商平台用户参与创新的激励

基于电商平台搭建的用户参与创新平台，电商企业决定是否在该平台上发起创新活动，用户决定是否参与该创新活动。本节主要通过构建能够反映用户参与创新的合作创新与消费两阶段、综合考虑平台介入对用户参与创新影响的数学模型，以供应链整体利润最大化为目标，探索激励用户参与创新的最优策略，通过对比分析，明确平台介入对平衡结果的影响机制，以及用户参与创新对 E-供应链利润的影响方式及影响程度。

创新主导企业与电商平台构成二级供应链，如图 5-16 所示，电商平台主要以畅通信息流和商流连接供需双方。构建电商平台用户参与创新的博弈模型，首先研究电商平台不介入的情形，例如创新主导企业通过提供优惠券、赠品试用等方式激励平台用户参与创新，用户参与创新会增加其对平台的黏性，增加在电商平台其他企业消费的可能性，进而增加电商平台的收益，因此假设用户参与创新对于电商平台具有溢出效应。其次，考虑电商平台也可以通过提供众筹等服务功能，协助电商企业扩展创新参与的激励机制。

电商企业作为Stackelberg博弈的领导者负责设计产品，制定合作激励策略吸引用户参与创新，用户通过需求阐述、创意贡献，提升最终产品的市场吸引力。电商平台通过为电商企业提供用户参与创新的功能，能够增强用户对平台的黏性，促进用户购买电商平台的其他产品，进而增加电商平台的收益。

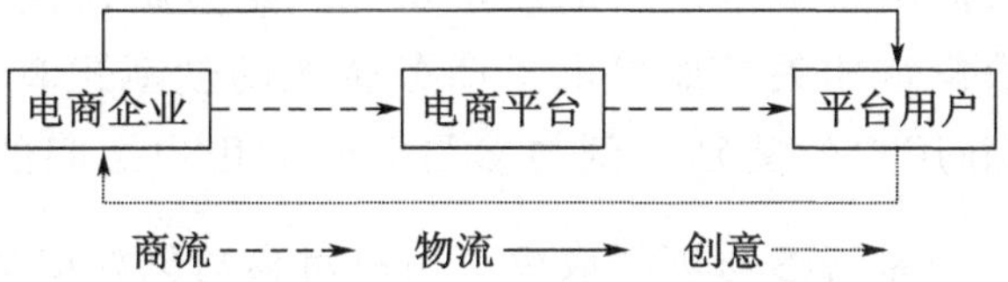

图5-16　电商零售平台用户参与创新的组织模式

一、模型构建说明

假设E-供应链由一个电商企业和一个电商平台构成，用户参与电商企业的产品创新。用户参与创新可以表现为用户需求的表达、产品创意的贡献。用户的优势在于其对真实需求的表达，用户参与创新的价值表现在三个方面：其一是电商企业可以节约创新成本并能创造出更符合用户需求的产品；其二是产品品质的改善使产品与用户的真实需求匹配度提升，进而提升用户效用；其三是较高的用户参与度可以提升平台对用户的吸引力，使平台产生范围经济效应。因此，采用产品质量、创新成本和平台用户规模3个核心概念代表用户参与创新的价值贡献。产品质量主要表现为产品与用户的需求匹配度改善，最终产品多个特征的质量加权组合，$q=\sum_{1}^{n}a_iq_i(i=1,2,\cdots,n)$，在本研究中主要体现用户参与创新发生的质量改善，因此质量改善的程度与参与创新的用户数量和参与的深度相关。

（一）产品质量改善与参与创新用户数量

$$q=q_0+\beta\gamma Q_0 \tag{5-3}$$

q表示最终产品改善后的质量，q_0表示用户参与创新前的产品质量，Q_0表示现有平台用户数量，假设每个用户最多只购买1件新创产品。

c_s表示电子商务企业对深度参与创新用户的奖励，c_d表示用户参与创新需要付出的成本，由于参与创新不一定能够得到奖励，但一定会付出成本，因此，奖励的价值一定要高于用户付出的成本，即 $c_s \geqslant c_d$。

γ 表示参与创新的用户占所有平台用户的比例，是用户参与创新的数量指标，$\gamma \in [0,1]$；由于本研究聚焦于用户参与创新对质量改善及 E-供应链的决策的影响，因此，$\beta\gamma Q_0$ 代表质量改善，而非产品的整体质量，其中 β 表示参与创新的用户数量对单位质量改善的影响程度。

电商企业根据用户参与创新的数量指标确定奖励比例，奖励比例与参与创新的用户数量负相关。如果电子商务企业的创新预算为 C，则单位创新奖励、参与创新用户的奖励比例与参与创新的用户之间的关系可以表达为 $\sigma = \frac{C}{\gamma Q_O c_s}$。用户是否参与创新取决于用户对参与创新得失的平衡。用户参与创新获得奖励的概率与参与创新的用户数量有关，参与创新的用户数量越多，则用户获得创新奖励的概率越低，基于以上关系，构建用户参与创新的效用函数为：

$$U = \frac{C}{\gamma Q_O} - c_d \tag{5-4}$$

定理 1 在提供创新参与奖励的平台中，平台用户参与创新的比率 $\gamma \leqslant \frac{C}{Q_o c_d}$，参与创新的平台用户最高可达 $Q_{o-\max} = \frac{C}{c_d}$。

证明：只有当用户的收益大于等于损失时，用户才有参与创新的动机，令 $U_i \geqslant 0$，得到 $\gamma \leqslant \frac{C}{Q_o c_d}$，则当 $\gamma_{\max} = \frac{C}{Q_o c_d}$ 时用户参与创新的比例最高，因此，平台中参与创新的用户最大数量为 $Q_{o-\max} = \frac{C}{c_d}$。

将 $\gamma_{\max} = \frac{C}{Q_o c_d}$ 代入 $\sigma = \frac{C}{\gamma Q_O c_s}$ 可得参与创新用户的创新奖励率为 $\sigma_1 = \frac{c_d}{c_s}$。

（二）新产品的市场需求

参与产品创新的用户不一定都转化为新产品的消费者，但会有部分参与创新的用户会转化为新产品的消费者，因此，新产品的市场需求量除了与市场价格负相关，与产品质量正相关，还与电子商务平台参与创新的用户数量（$Q_{o-\max}$）正相关，新产品的逆需求函数为：

$$p_i = \delta Q_{o-\max} - \theta Q_i + \eta q \tag{5-5}$$

其中，$-\frac{1}{\theta}$表示需求价格弹性，而$\frac{\delta}{\theta}$表示参与创新用户的需求转化率，$\frac{\eta}{\theta}$表示质量需求弹性。

将式(5-3)和式(5-4)分别代入式(5-5)得到：

$$p_i=\frac{(\delta+\eta\beta)C}{c_d}-\theta Q_i+\eta q_0 \tag{5-6}$$

二、电商企业与电商平台的独立决策

（一）电商企业的利润优化决策

电商企业根据交易量向电商平台支付佣金，每单位交易量的佣金为 w，电商企业通过激励用户参与创新，可以增加新产品的潜在用户规模 $\delta Q_{o-\max}$，也可以通过改善产品质量增加销量，产品的制造成本为沉没成本，可以不予考虑，因此激励用户参与创新的电商企业其利润函数为：

$$\pi_r=(p_i-w)Q_i-C \tag{5-7}$$

电商企业以自身利润最大化为决策目标，确定新产品的供给量 Q_i 和创新奖励 C。采用一阶条件求解目标函数的最优解，令$\frac{\partial \pi_r}{\partial Q_i}=\frac{C(\delta+\beta\eta)}{c_d}+\eta q_o-w-2\theta Q_i=0$，得到 $Q_i(w)=\frac{C(\delta+\beta\eta)+c_d(\eta q_o-w)}{2\theta c_d}$。由于$\frac{\partial^2 \pi_r}{\partial Q_i^2}=-2\theta<0$，所以 $Q_i(w)$是电商企业的供给量的最优反应函数。由于最优供给量是创新奖励成本的函数，因此，电商企业会根据 $Q_i(w)$设定供给量和创新奖励菜单作为可选方案。

根据$\frac{\partial Q_i(w)}{\partial C}=\frac{\delta+\beta\eta}{2\theta c_d}>0$，在其他条件不变的情况下，创新奖励与供给量正相关，创新奖励每增加一个单位，会导致供给量增加$\frac{\delta+\beta\eta}{2\theta c_d}$倍。

（二）电商平台的利润优化决策

电商平台的收益主要来自电商企业的销售佣金，以及为电商企业提供的增值服务，例如广告等引流服务，而这些服务与平台用户规模 Q_o 相关。本部分考虑电商平台为了增加电商企业的积极性不向电商企业收取增值服务佣金。经过电商企业创新激励使 $Q_{o-\max}$的用户对平台黏性增加，进而产生正的外部性，增加电商平台的收益。

$$\pi_p = wQ_i + \upsilon Q_{o-\max} \tag{5-8}$$

电商平台以自身利润最大化为目标决策佣金水平。将 $Q_i(w)$ 代入式(5-8)中，利用一阶条件求解利润最大化时的佣金水平。令 $\frac{\partial \pi_p}{\partial w} = \frac{C(\delta+\beta\eta)+c_d(\eta q_o - 2w)}{2\theta c_d} = 0$，得到 $w^* = \frac{C(\delta+\beta\eta)+\eta c_d q_o}{2c_d}$。由于 $\frac{\partial^2 \pi_p}{\partial w^2} = -\frac{1}{\theta} < 0$，因此 w^* 是电商平台的最优决策，将 w^* 代入到 $Q_i(w)$，得到 $Q_{i-d}^* = \frac{C(\delta+\beta\eta)+\eta c_d q_o}{4\theta c_d}$。将 Q_{i-d}^* 和 w^* 分别代入式(5-7)和式(5-8)，得到电子商务企业与电子商务平台的利润分别为：$\pi_{r-d}^* = \pi_o - C$，$\pi_{p-d}^* = 2\pi_o + \frac{\nu C}{c_d}$，其中 $\pi_o = \frac{C^2(\delta+\beta\eta)^2 + \eta^2 c_d^2 q_o^2 + 2\eta(\delta+\beta\eta)c_d q_o C}{16\theta c_d^2}$，于是得到定理 2。

定理 2 用户参与创新的分散决策下，电商企业的最优供给量为 $Q_{i-d}^* = \frac{C(\delta+\beta\eta)+\eta c_d q_o}{4\theta c_d}$，电商平台的最优佣金为 $w^* = 2\theta Q_{i-d}^*$，电商企业的最优利润为 $\pi_{r-d}^* = \pi_o - C$，电商平台的最优利润为 $\pi_{p-d}^* = 2\pi_o + \frac{\nu C}{c_d}$，其中 $\pi_o = \frac{C^2(\delta+\beta\eta)^2 + \eta^2 c_d^2 q_o^2 + 2\eta(\delta+\beta\eta)c_d q_o C}{16\theta c_d^2}$。

(三) 创新奖励对电商企业与电商平台最优利润的影响

基于定理 2，在其他条件不变的情况下，采用比较静态分析方法揭示用户参与创新奖励对电商企业与电商平台的影响。

创新奖励对电商企业利润的影响：由于 $\frac{\partial \pi_r^*}{\partial C} = \frac{C(\delta+\beta\eta)^2 + \eta(\delta+\beta\eta)c_d q_o}{8\theta c_d^2} - 1$ 且 $\frac{\partial^2 \pi_r^*}{\partial C^2} = \frac{(\delta+\beta\eta)^2}{8\theta c_d^2} > 0$，令 $\frac{\partial \pi_r^*}{\partial C} = 0$，得到 $C_1 = \frac{c_d(8\theta c_d - \eta(\delta+\beta\eta)q_o)}{(\delta+\beta\eta)^2}$。当 $C \leqslant C_1$ 时，电商企业的利润随着创新奖励的增加而降低，当 $C > C_1$ 时，电商企业的利润随着创新奖励的增加而增加。

创新奖励对电商平台利润的影响：由于 $\frac{\partial \pi_p^*}{\partial C} = \frac{C(\delta+\beta\eta)^2 + \eta(\delta+\beta\eta)c_d q_o}{4\theta c_d^2} + \frac{\nu}{c_d}$ 且 $\frac{\partial^2 \pi_p^*}{\partial C^2} = \frac{(\delta+\beta\eta)^2}{4\theta c_d^2} > 0$，令 $\frac{\partial \pi_p^*}{\partial C} = 0$，得到 $C_2 = \frac{-c_d(4\theta\nu + \eta(\delta+\beta\eta)q_o)}{(\delta+\beta\eta)^2} <$

0。只要电商企业采用创新奖励策略，电商平台的利润就会随着创新奖励额度的增加而增加。

创新奖励对电子商务企业和电商平台的利润均表现出了 U 形结构的影响，即电商企业和电商平台的最优利润都是随着创新奖励的增加先减少后增加。由于 $C_1-C_2=\frac{4\theta c_d(\nu+2c_d)}{(\delta+\beta\eta)^2}>0$，所以只要 $C>C_1$，电商企业与电商平台的利润都会随着创新奖励的增加而增加（见图 5-17）。由于 $\frac{\partial^2\pi_p^*}{\partial C^2}=2\times\frac{\partial^2\pi_r^*}{\partial C^2}$，说明电商企业增加创新奖励为电商平台带来的利润增幅远远高于电商企业利润的增幅。

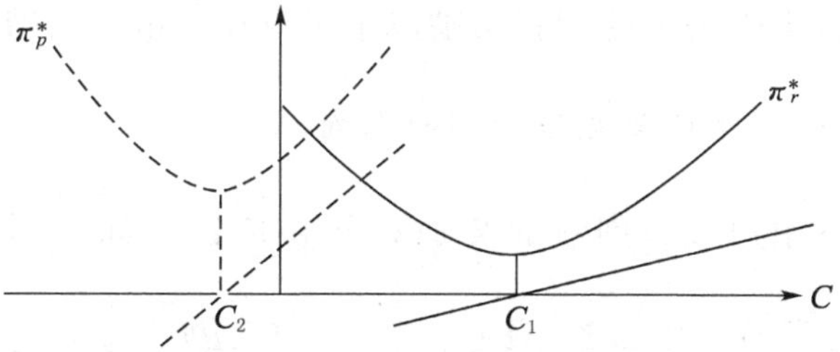

图 5-17 创新奖励对电商企业与电商平台最优利润的影响

三、电商企业与电商平台的集中决策

电商平台也会开展自营产品的创新活动，例如网易严选和京东京造等电商平台自营的品牌和产品。在这种情况下，决策的重点在于整体效益的提升，而非不同组织间的转移支付。集中决策时 E-供应链的利润函数为：

$$\pi_c=p_iQ_i+\upsilon Q_{o-\max}-C \tag{5-9}$$

（一）E-供应链利润优化决策

将式(5-6)和 $Q_{o-\max}=\frac{C}{c_d}$ 代入式(5-9)，并采用一阶条件求解 E-供应链利润最大化时的供给量。令 $\frac{\partial\pi_c}{\partial Q_i}=\frac{C(\delta+\beta\eta)}{c_d}+\eta q_o-2\theta Q_i=0$，得到 $Q_{i-c}^*=\frac{C(\delta+\beta\eta)+\eta c_d q_o}{2\theta c_d}$。由于 $\frac{\partial^2\pi_c}{\partial Q_i^2}=-2\theta<0$，因此 Q_c^* 是 E-供应链集中决策时的

最优供给量，将 Q_{i-c}^* 代入到式（5-9），得到集中决策下的 E-供应链利润为 $\pi_c^* = 4\pi_o + \frac{\nu C}{c_d} - C = \pi_{r-d}^* + \pi_{p-d}^* + \pi_o$，由此得到定理 3。

定理 3 用户参与创新的 E-供应链，集中决策时的最优供货量为 $Q_{i-c}^* = \frac{C(\delta+\beta\eta)+\eta c_d q_o}{2\theta c_d}$，E-供应链的利润为 $\pi_c^* = \pi_{r-d}^* + \pi_{p-d}^* + \pi_o$

根据定理 3 与定理 2 可知，在相同的奖励策略下，集中决策时的供货量是分散决策时的 2 倍，E-供应链的利润比分散决策时增加 π_o。由此可见，分散决策的效果劣于集中决策的效果。销量相同时，在分散决策下的创新奖励为 $C_i^* = \frac{4\theta c_d Q - \eta c_d q_o}{\delta+\beta\eta}$，集中决策下的创新奖励为 $C_c^* = \frac{2\theta c_d Q - \eta c_d q_o}{\delta+\beta\eta}$，因此，销量相同时，集中决策的创新奖励成本可以比分散决策节约 $\frac{2\theta c_d Q}{\delta+\beta\eta}$。

（二）创新奖励对 E-供应链利润的影响

集中决策下用户参与创新的奖励对 E-供应链利润的影响：由于 $\frac{\partial \pi_c^*}{\partial C} = \frac{C(\delta+\beta\eta)^2 + \eta(\delta+\beta\eta)c_d q_o}{2\theta c_d^2} + \frac{\nu - c_d}{c_d}$ 且 $\frac{\partial^2 \pi_p^*}{\partial C^2} = \frac{(\delta+\beta\eta)^2}{4\theta c_d^2} > 0$，令 $\frac{\partial \pi_p^*}{\partial C} = 0$，得到 $C_c = -\frac{c_d(2\theta(\nu-c_d)+\eta(\delta+\beta\eta)q_o)}{(\delta+\beta\eta)^2}$。由于 $C_1 - C_c = \frac{2\theta c_d(\nu+3c_d)}{(\delta+\beta\eta)^2} > 0$，$C_c - C_2 = \frac{2\theta c_d(\nu+c_d)}{(\delta+\beta\eta)^2} > 0$，所以 $C_2 \leqslant C_c \leqslant C_1$。当 $C \geqslant C_c$ 时 E-供应链的最优利润随着创新奖励的增加而增加（如图 5-18 所示）。

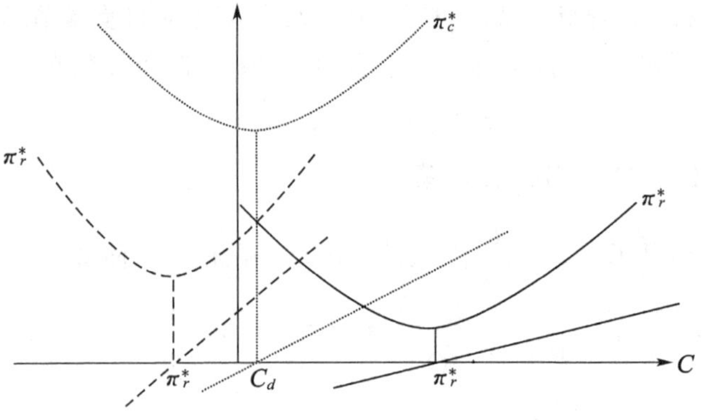

图 5-18 创新奖励对 E-供应链最优利润的影响

（三）各参数对 E-供应链最优利润的影响

（1）质量的创新用户数量弹性：利用比较静态分析，考察参与创新用户数量对创新质量的影响 β 变化时，E-供应链最优利润的变化情况。

由于 $\frac{\partial \pi_c^*}{\partial \beta}=\frac{C\eta(C(\delta+\beta\eta)+\eta c_d q_o)}{2\theta c_d^2}$ 且 $\frac{\partial^2 \pi_c^*}{\partial \beta^2}=\frac{C^2\eta^2}{2\theta c_d^2}>0$，令 $\frac{\partial \pi_c^*}{\partial \beta}=0$，得到 $\beta_c=\frac{-(C\delta+\eta c_d q_o)}{C\eta}$，所以对于任意 $\beta\geqslant\beta_c$，E-供应链的最优利润都随着用户参与创新对质量的带动作用强度的增加而增加。又因为 $\beta_c<0$，所以可以认为只要用户参与创新能够对质量产生正面影响，那么 E-供应链的最优利润都会随着参与创新用户数量对质量带动作用强度的增加而增加。

（2）参与创新用户的创新产品需求转化对 E-供应链最优利润的影响。

尽管用 $\frac{\delta}{\theta}$ 才能完全代表参与创新用户的需求转化率，但在 π_c^* 中的 δ 和 θ 并非成组呈现，无法直接测度。在 θ 等参数不变的情况下，δ 变化对 E-供应链最优利润的影响就能够代表参与创新用户的需求转化率的变化对 E-供应链最优利润的影响。假定其他参数不变，则参与创新用户的需求转化率对 E-供应链最优利润的影响可以通过比较静态分析方法获得。

由于 $\frac{\partial \pi_c^*}{\partial \delta}=\frac{C(C(\delta+\beta\eta)+\eta c_d q_o)}{2\theta c_d^2}$ 且 $\frac{\partial^2 \pi_c^*}{\partial \delta^2}=\frac{C^2}{2\theta c_d^2}>0$，令 $\frac{\partial \pi_c^*}{\partial \delta}=0$，得到 $\delta_c=\frac{-\eta(C\beta+c_d q_o)}{C}$，所以对于任意 $\delta\geqslant\delta_c$，E-供应链的最优利润都随着参与创新用户的需求转化率的增加而增加。又因为 $\delta_c<0$，所以可以认为只要用户参与创新能够对需求直接产生正面影响，那么 E-供应链的最优利润都会随着参与创新用户的需求转化率的增加而增加。

（3）参与创新用户消费非创新产品的价值贡献对 E-供应链最优利润的影响。

υ 代表参与创新用户消费非创新产品的价值贡献，即参与创新的用户消费电商平台的非创新产品产生的单位价值。假定其他参数不变，则参与创新用户消费非创新产品的价值贡献对 E-供应链最优利润的影响可以通过比较静态分析方法获得。由于 $\frac{\partial \pi_c}{\partial \upsilon}=\frac{C}{c_d}>0$，所以参与创新用户消费非创新产品的价值贡献与 E-供应链的最优利润正相关，该值越高 E-供应链获得的利润也会越多。

(4) 用户参与创新对E-供应链的直接作用与间接作用。

用户参与创新可以直接转化为创新产品的销量，也可以通过改善产品质量，进而影响创新产品的销量。如果将前者称为用户参与创新的直接作用，那么后者就是用户参与创新的间接作用。用户参与创新的直接作用还表现在，通过用户对电商平台黏性的增强而增加电商平台其他产品的销量。

由于$\frac{\partial \pi_c^*}{\partial \beta}/\frac{\partial \pi_c^*}{\partial \delta}=\eta$，所以，当$\eta>1$时，即质量改善会产生需求量较高的增长，那么与参与创新用户数量引致的需求量增加程度对E-供应链最优利润的影响相比，参与创新用户数量引致的质量改善程度对E-供应链最优利润的影响更大。这也意味着，用户参与创新对E-供应链最优利润的间接效应要高于直接效应。质量改善和直接需求改善的获益都是通过需求反映到最终的利润函数中，而这部分获益是由电商企业和电商平台通过转移支付价格w进行分配的。电商平台除了从创新产品需求增加获益之外，还通过创新用户购买非创新产品获得额外的收益，因此，相比电商企业而言，电商平台的获益来源更多。由此来看，不论是电商企业还是电商平台，在推动平台用户参与创新方面都具有经济动力。

第四节　用户参与创新情景下的E-供应链协调策略

一、创新成本分摊策略

根据定理3可知，集中决策下的E-供应链最优利润比分散决策时的更高，有必要采取策略协调分散决策结果，使分散决策下电商企业与电商平台的利润与集中决策时的利润相同。从电商企业的最优供给量Q_{i-d}^*的构成来看，创新成本是电商企业最优供给量的重要影响因素，因此，本书尝试采用创新成本分担的方式鼓励电商企业增加创新投入，提高创新用户参与数，进而提升产品质量，增加产品销量。

集中决策与分散决策的差异主要表现在供货量(销量)的不同，因此如何提升E-供应链(销量)是实现协调的主要突破口，需求量(销量)的影响因素包括价格、参与创新的用户数量和产品质量[逆需求函数式(5-5)]，在本研究中假设价格和原始产品质量是外生变量，在式(5-5)中可以调整的仅是参与创新的用户数量和产品质量的增量部分，产品质量的增量部分也与参与创新的用户数量相关，如果能够提升参与创新的用户数量，那么就有了解决问题的关键抓手。影响参与创新用户数量的主要可控因素是参与创新的奖励，所以提高参与创新的用户的奖励额度应该具有协调效应。

为了激励电商企业提高创新奖励额度，或提高创新产品的供给数量，成本分摊的比例需要考虑创新产品的供给量与最优供给量的比值。若采用$\frac{\varphi Q_i}{Q_{i-c}^*}$表示电商平台创新奖励费用的分担比例，则对于电商企业而言，其创新产品的供给量与集中决策时的供给量越接近，则电商平台给承担的创新奖励费用越高，符合创新成本分摊的激励目标。此时，电商企业需要承担的创新奖励费用比例为$1-\frac{\varphi Q_i}{Q_{i-c}^*}$。$Q_{i-c}^*$是已知量，用$\alpha$表示$\frac{\varphi}{Q_{i-c}^*}$，则$\frac{\varphi Q_i}{Q_{i-c}^*}=\alpha Q_i$，$1-\frac{\varphi Q_i}{Q_{i-c}^*}=1-\alpha Q_i$，因此电商企业与电商平台的利润函数变为：

$$\pi_r=(p_i-w)Q_i-(1-\alpha Q_i)C \tag{5-10}$$

$$\pi_p=wQ_i+\upsilon Q_{o-\max}-\alpha Q_i C \tag{5-11}$$

依然假设电商平台与电商企业构成的E-供应链是电商平台主导型供应链，二者的决策关系是领导者与追随者的关系，因此，采用Stackelberg博弈模型，利用逆推法求电商企业与电商平台的最优解。

首先，电商企业决策创新产品的最优供给量：

电商企业以自身利润最大化为决策目标，确定创新产品的供给量Q_i和创新奖励C。对式(5-10)采用一阶条件求解目标函数的最优解，令$\frac{\partial \pi_r}{\partial Q_i}==0$，得到$Q_i(w)=\frac{C(\delta+\beta\eta)+c_d(-w+C\alpha+\eta q_o)}{2\theta c_d}$。由于$\frac{\partial^2 \pi_r}{\partial Q_i^2}=-2\theta<0$，所以$Q_i^*$是电子商务企业的供给量的最优反应函数。由于最优供给量是创新奖励成本的函数，因此，电商企业会根据$Q_i(w)$设定供给量和创新奖励菜单作为可选方案。

其次，电商平台决策最优佣金水平：

电商平台以自身利润最大化为目标决策佣金水平。将$Q_i(w)$代入式(5-11)中，利用一阶条件求解利润最大化时的佣金水平。令$\frac{\partial \pi_p}{\partial w}=$

$\frac{C(\delta+\beta\eta)+c_d(-2w+2C\alpha+\eta q_o)}{2\theta c_d}=0$，得到 $w^*=\frac{C(\delta+\beta\eta)+c_d(2C\alpha+\eta q_o)}{2c_d}$。

由于$\frac{\partial^2\pi_p}{\partial w^2}=-\frac{1}{\theta}<0$，因此 w^* 是电商平台的最优决策，将 w^* 代入到 $Q_i(w)$，

得到 $Q_{i-da}^*=\frac{C\delta+C\beta\eta+\eta c_d q_o}{4\theta c_d}$。

在创新成本分摊策略下，电商企业创新产品的最优供给量为 Q_{i-da}^*，与分散决策（定理 2）的最优供给量 Q_{i-d}^* 和集中决策（定理 3）下的最优供给量 Q_{i-c}^* 相比，$Q_{i-da}^*=Q_{i-d}^*=0.5Q_{i-c}^*$，因此，对于固定投入的分摊并不能解决 E-供应链的协调问题。

二、电商平台承担创新成本策略

电商平台作为 E-供应链的领导者，有能力承担在平台上开展的用户参与创新活动的成本，且由于其品牌影响力和平台可信性方面的优势，会吸引更多、更高质量的用户参与创新活动。然而，当平台产品品类急剧增加，创新活动数量多到平台管理效率降低时，电商平台承担创新活动的成本，对于创新活动的管理效率会下降，例如审核参与创新用户所提建议的时间可能延长，与参与创新用户的互动会减少，因此平台承担用户创新的成本具有一定的局限性。

电商平台承担创新成本后，电商企业与电商平台各自的利润函数分别表示为式(5-12)和式(5-13)。

$$\pi_r=(p_i-w)Q_i \tag{5-12}$$

$$\pi_p=wQ_i+\upsilon Q_{o-\max}-C \tag{5-13}$$

电商平台依然是 E-供应链的领导者，因此决策顺序与电商企业承担创新成本的情景相同，采用逆推法，首先电商企业进行供给量决策，然后由电商平台确定单位销量的佣金。

电商企业的决策：采用一阶条件求解目标函数的最优解，令 $\frac{\partial\pi_r}{\partial Q_i}=\frac{C(\delta+\beta\eta)}{c_d}+\eta q_o-w-2\theta Q_i=0$，得到 $Q_i(w)=\frac{C(\delta+\beta\eta)+c_d(\eta q_o-w)}{2\theta c_d}$。由于 $\frac{\partial^2\pi_r}{\partial Q_i^2}=-2\theta<0$，所以 $Q_i(w)$ 是电子商务企业的供给量的最优反应函数。

电商平台的决策：将 $Q_i(w)$ 代入到式(5-13)中，利用一阶条件求解利润最大化时的佣金水平。令 $\frac{\partial \pi_p}{\partial w}=\frac{C(\delta+\beta\eta)+c_d(\eta q_o-2w)}{2\theta c_d}=0$，得到 $w^*=\frac{C(\delta+\beta\eta)+\eta c_d q_o}{2c_d}$。由于 $\frac{\partial^2 \pi_p}{\partial w^2}=-\frac{1}{\theta}<0$，因此 w^* 是电商平台的最优决策，将 w^* 代入 $Q_i(w)$，得到 $Q_{i-dp}^*=Q_{i-d}^*=\frac{C(\delta+\beta\eta)+\eta c_d q_o}{4\theta c_d}$。

由此可见，若激励用户参与创新的成本全部由平台承担，仍然不会改变产品的供给量，同时也不会增加创新激励的投入。

三、收入共享策略

通过以上研究发现，基于成本的协调策略无法实现E-供应链的协调，而收入共享策略在供应链的协调能力方面已经得到了普遍的认可。在E-供应链销售收入和成本信息均易于获得的情况下，收入共享策略的实施难度不高。本部分探索收入共享策略对于E-供应链的协调性能如何。用 $\mu\in[0,1]$ 代表收入共享的比例，则电商企业与电商平台的利润函数分别表示为式(5-14)和式(5-15)。

$$\pi_r=(1-\mu)p_iQ_i-wQ_i-C \tag{5-14}$$

$$\pi_p=\mu p_iQ_i+wQ_i+\upsilon Q_{o-\max} \tag{5-15}$$

电商企业的供给量决策：采用一阶条件求解目标函数的最优解，令 $\frac{\partial \pi_r}{\partial Q_i}=\frac{(1-\mu)(C(\delta+\beta\eta)-c_d(2\theta Q_i-\eta q_o))-c_d w}{c_d}=0$，得到 $Q_i(w)=\frac{(1-\mu)(C(\delta+\beta\eta)+c_d\eta q_o)+c_d w}{2\theta(1-\mu)c_d}$。由于 $\frac{\partial^2 \pi_r}{\partial Q_i^2}=-2\theta(1-\mu)<0$，所以 $Q_i(w)$ 是电商企业的供给量的最优反应函数。

电商平台佣金决策：将 $Q_i(w)$ 代入式(5-15)中，利用一阶条件求解利润最大化时的佣金水平。令 $\frac{\partial \pi_p}{\partial w}=\frac{C(\delta+\beta\eta)+c_d(\eta q_o-w(2+\mu))}{2\theta c_d}=0$，得到 $w^*=\frac{C(\delta+\beta\eta)+\eta c_d q_o}{(2+\mu)c_d}$。由于 $\frac{\partial^2 \pi_p}{\partial w^2}=\frac{-2-\mu}{2\theta}<0$，因此 w^* 是电商平台的最优决策，将 w^* 代入到 $Q_i(w)$，得到 $Q_{i-d\mu}^*=\frac{(1+\mu)(C(\delta+\beta\eta)+\eta c_d q_o)}{(2+\mu)2\theta c_d}=$

$\frac{1+\mu}{2+\mu}Q_{i-c}^{*}$。

由于 $Q_{i-d\mu}^{*}<Q_{i-c}^{*}$，收入共享策略下零售商的最优供给量依然小于集中决策时的最优供给量，也即收入共享策略也无法协调 E-供应链。因此，用户创新参与的 E-供应链要想实现集中决策时的利润最大化，需要采取的策略只能是集中决策，即由电商平台确定供给量，电商平台与电商企业的关系从上下游关系转为委托代理关系。电商平台的决策只要考虑电商企业的参与约束即可。

第六章　电子商务供应链管理流程标准最佳实践研究

第一节　电子商务供应链管理流程标准最佳实践形成说明

一、电子商务供应链结构

电子商务供应链结构(图 6-1)与线下供应链结构的不同主要在于下游的渠道结构,产成品可以通过电商平台直销,也可以通过电商企业经销。由于第三方平台的介入,电商平台直营模式与线下直营模式的参与主体、博弈结构存在差异。在电商平台直营模式中,电商平台可以采用平台使用费的固定计费模式和计提销售额的变动计费模式,不同的计费模式下电商平台的参与程度不同。在电商市场“赢家通吃”的网络效应影响下,电子商务供应链结构的差异对供应链成员的行为与绩效影响更加突出。

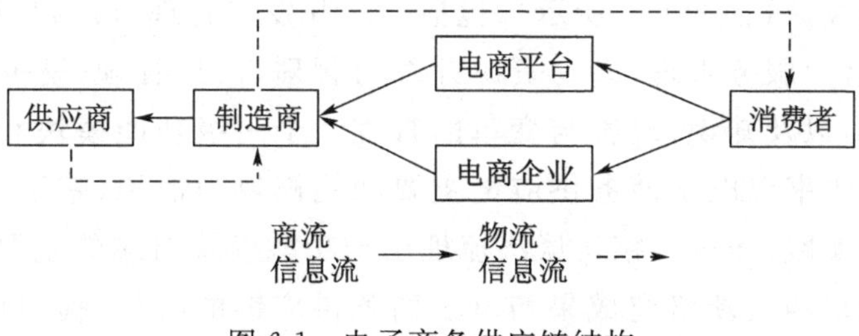

图 6-1　电子商务供应链结构

二、电子商务供应链管理流程

产品/服务的价值链是从价值增值的角度考虑链条上各环节的增值活动的。电子商务价值链的主要环节包括计划、采购、制造、交付和回收，各环节包括的主要活动及分类，如图 6-2 所示。价值链中的一个或几个环节封装在一个组织单元中，该组织单元可以是企业，也可以是部门。尽管封装方式会受到技术水平、交易成本、规模经济、范围经济等的影响，但价值链是价值创造的最小单元，不会受到封装方式的影响。因此，本书在进行电子商务供应链管理流程标准最佳实践总结时，采用价值链环节结构化最佳实践。

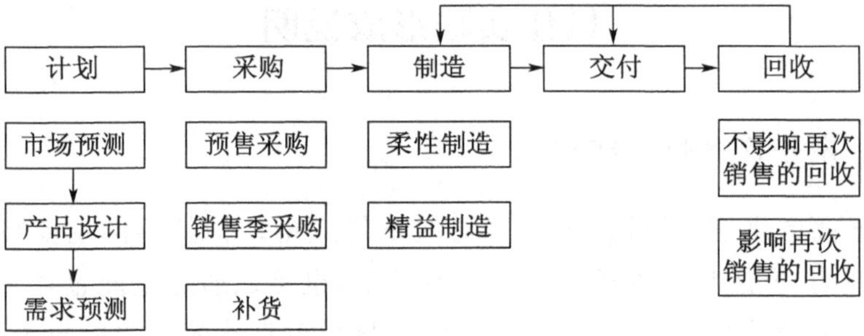

图 6-2　电子商务价值链主要环节

三、电子商务供应链主要功能模块

依据电子商务价值链的主要环节及供应链管理标准，形成了电子商务供应链功能模块(如图 6-3 所示)，包括产品开发与管理，市场与销售，产品/服务交付，客户服务管理，人力资源开发与管理，信息管理，财务资源管理，合法性管理，以及知识、改善与变革的管理 9 个一级功能模块和 24 个二级功能模块。本书以电子商务供应链主要功能模块为框架，基于供应链管理标准的最佳实践，通过专家访谈法梳理出与功能模块对应的主要技术，结合具体功能模块的最新研究成果与电子商务供应链的特征，提出该功能模块的技术趋势。

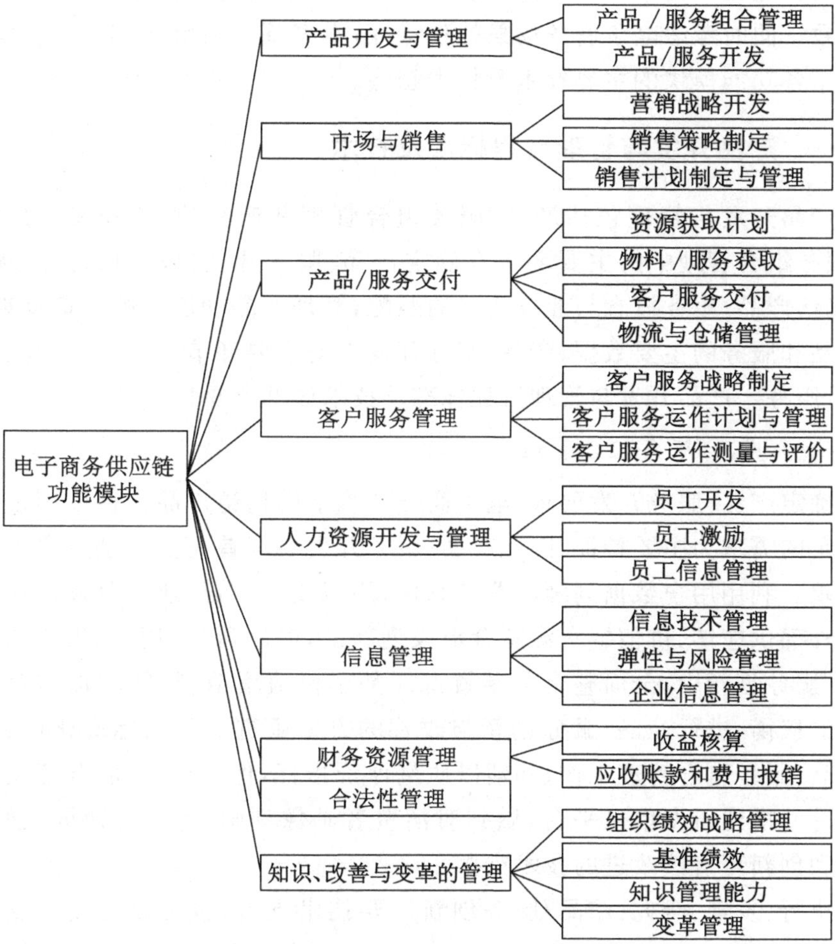

图 6-3　电子商务供应链主要功能模块

第二节　电子商务供应链管理流程标准最佳实践与技术趋势

本书基于供应链管理流程标准 2.0，综合考虑电子商务供应链的结构特征及功能模块，以及电子商务管理流程标准最佳实践，提出了电子商务供应链管理流程标准。为了便于与供应链管理流程标准 2.0 的对照，电子商务供应链管理流程标准中的主要功能的编号与供应链管理流程标准 2.0 的编号一致。同时考虑电子商务场景的独特性，本书基于前沿研究与最佳实践，提出了各功能模块的主要技术及技术趋势。

一、产品开发与管理流程标准及技术

产品开发与管理包括产品/服务组合管理和产品/服务开发。其中产品/服务组合管理中的主要环节有确定产品/服务开发要求，执行、发现、研究，确认产品/服务概念与业务战略的匹配，管理产品和服务的生命周期，管理产品和服务的主要数据；产品/服务开发中的主要环节是设计、构建、评估产品/服务。产品开发与管理流程标准及技术详见表 6-1。

（一）产品/服务组合管理

确定产品/服务开发要求：电子商务环境下的畅销产品往往以满足用户未满足的需求为主要特征，因此产品/服务开发要求首先要识别用户未满足的需求。利用用户数据刻画消费者画像，用以支持产品/服务创新。通过组织内外部供应链、价值链资源整合形成创新链，鼓励员工、用户、供应商参到产品/服务创新中，全面整合创新资源。基于价值增值、特征增加与总成本增加的权衡，进行产品/服务创新与改善的方案筛选。采用标准化流程，规范产品/服务组合管理工作，并辅以质量评价指标，保证产品/服务开发的持续改进。搭建研发信息平台，做到对消费者画像刻画、创新链协同、创新流水化和创新可持续改进的技术支撑。

执行、发现、研究：产品/服务创新需要技术支持，也可以是技术驱动的产品/服务创新，因此技术在产品/服务创新中发挥着不可替代的作用。电子商务供应链企业可以将新技术的评价制度化，使之成为常规化的工作，保证企业能够一直处于新技术的前沿面上。同时，制订中长期的技术规划，清晰把握现有技术地图和未来技术趋势，做好未来产品/服务技术引入计划。通过引入技术供应商或合作研究方等外脑资源加强对新技术反应的灵敏度与新技术采纳的便利度。

确认产品/服务概念与业务战略的匹配：将成本和速度作为产品/服务创新过程管理的关键绩效指标，设定有挑战性的目标，充分利用逆向物流与服务中的数据设定产品/服务创新实施计划。从价值链角度综合考虑产品/服务创新成本，将成本细分到每个创新产品/服务上，便于分析每个创新产品/服务的盈利性及定价的有效性。尽力将产品/服务进行模块化处理，延迟产品/服务差异化的节点，为用户提供包括质量与规格在内的产品/服务清单。

管理产品和服务的生命周期：电子商务市场中产品更新速度普遍较快，用户的异质性较高，因此要依据产品/服务的定位，制订控制产品/服务生命周期阶段的详细计划，并能按计划对产品/服务进行改进、修订或丢弃。信息透明度高增加了创新扩散的速度，因此电子商务环境中要不断提高对产品/服务重大改进的频率，不断缩减引入新产品的周期。产品/服务生命周期管理需要成为一种常规性的工作，因此产品/服务生命周期管理需要结构化的流程、规范的过程、专业的团队支撑，并使其与产品/服务创新活动形成联动机制。

管理产品和服务的主要数据：不论是对未满足需求的发现还是对新技术的扫描，都需要对用户数据、行业数据进行收集、整理、分析与挖掘。不论是产品/服务创新过程还是创新结果的维护与更新都需要进行详细记录。不论是内部创新链协作还是外部创新链价值共创，都需要信息平台进行沟通。因此，在电子商务环境下，产品/服务数据管理不仅是创新的重要手段，同时也是提升创新效率的工具，需要专业的数据管理团队作为产品/服务创新的技术支持，并负责产品/服务数据的日常维护工作。为了能够支持创新链的价值共创协同，需要对产品/服务数据进行标准化处理。

（二）产品/服务开发

设计、构建、评估产品和服务：形成产品/服务创新要求与原型概念后，进入设计、构建与评估环节。在该阶段企业要具备逆向设计的能力，能够采用人因设计、合作设计、精益设计等组织模式，数字化管理平台能够支持分布式设计团队协作创新，以可持续产品/服务为设计的基本质量标准，重点整合关键供应商的资源与能力，实现低成本、高质量的产品/服务设计。

新产品/服务的市场测试：目前通过多种激励策略，鼓励用户参与产品试用、样式甄选与预售环节是电子商务环境下测试新产品/服务市场反应的主要手段。网易严选在新产品引入流程中，将产品试用报告作为是否引入该产品的最后一环，试用达到满分评价才会进入销售环节，从 2016 年 8 月起的一段时间内，475 个产品共生成 951 份试用报告，其中 29 个产品因试用报告非满分而未上线。用户选定的产品设计会使最终产品得到用户的认可，在产品包装方面要兼顾销售绩效与物流绩效，在产品组装方面要极大程度地提升易用性，提高零部件产品的通用性，解决消费者线上购买的后顾之忧。

准备生产：制造与集成的可行性和容易性在设计阶段就要进行考虑，这是落实全面成本管理与市场快速反应的具体措施。在该阶段突出并行工程、持续改善方法以及计算机辅助设计系统，真正实现考虑制造/集成的设计。由于常规性产品适合精益生产模式，而非常规产品适合多品种、小批量的生产模式，因此，在考虑制造/集成的设计环节中，要根据产品类型确定不同的制造/集成模式，进而明确并落实制造/集成对产品设计的要求。

表 6-1　电子商务供应链管理流程标准及技术

<table>
<tr><th>编号</th><th colspan="2">主要功能</th><th>主要技术</th><th>技术趋势</th></tr>
<tr><td>1</td><td colspan="2">产品开发与管理(10003)</td><td></td><td></td></tr>
<tr><td>1.1</td><td colspan="2">产品/服务组合管理(10061)</td><td></td><td></td></tr>
<tr><td>1.1.1</td><td>确定产品/服务开发要求(10064)</td><td>· 具有理解客户需求的正式流程，以该流程启动产品/服务创新。
· 新产品识别的核心是发现客户未被满足的需求，同时兼顾目标价位与快速生产的可行性。
· 基于多维度用户数据刻画用户画像，将用户画像作为评价产品/服务创新的门槛条件。
· 主动管理产品/服务的复杂性，通过对特征/价值增加与总成本增加的权衡，决策创新产品/服务的复杂性。
· 组织研发、营销和运营部门形成内部创新链，作为产品/服务创新的核心组织。
· 组织供应商、用户形成外部创新链，与内部创新链共同组成价值创新链。
· 使用标准流程管理产品/服务创新过程，质量标准要关注标准流程，具有评价标准流程的评价指标。
· 具有支持员工、用户和供应商参与创新的信息平台。具有支持新产品开发团队将创新过程流水化的工具</td><td>(1) 关联部门参与；
(2) 供应商参与；
(3) 用户参与(客户需求、客户数据)</td><td>用户参与</td></tr>
</table>

表 6-1（续）

编号	主要功能		主要技术	技术趋势
1.1.2	执行、发现、研究（10065）	· 有正式的流程理解客户和市场反馈的技术需求，推动技术支持和/或驱动产品/服务创新。 · 依据现有技术地图和未来技术趋势，建立中长期新技术引入规划。 · 具有产品/服务孵化器用以开发新技术、新产品/服务。 · 引入技术供应商/合作研究方，确保尽早掌握新技术和尽快采纳新技术，保证企业处于新技术的前沿面上。 · 制度化新技术扫描工作，持续执行新技术应用评价流程，将技术作为产品/服务创新的一部分	（1）环境扫描，尤其是新技术扫描； （2）供应商参与； （3）用户参与； （4）创新孵化器	用户参与
1.1.3	确认产品/服务概念与业务战略的匹配（10066）	产品/服务的计划与开发 · 低成本与上市速度是产品开发过程管理的关键绩效指标，将“低于预算”与“提前完成”作为改善重点，提出具有挑战性的目标。 · 各职能部门具有服务于产品/服务创新的主动反馈回路（如，维修、呼叫中心和工厂），产品/服务创新考虑售后数据与维修数据	（1）成本与速度； （2）“端到端”的设计策略； （3）客户数据； （4）创新成本； （5）模块化	
		建立产品/服务开发目标 · 从价值链角度综合考虑产品/服务创新成本，细化后的成本可以完全分配于具体的产品/服务，可以详细分析各产品/服务的盈利性及定价有效性		
		产品/服务交付物 · 设计模块化的产品/服务，最大化基础模块的通用性，延迟差异化环节。 · 为客户提供包含质量要求与规格的产品/服务清单。 · 具有产品/服务清单持续更新的有效流程		

表 6-1（续）

编号	主要功能		主要技术	技术趋势
1.1.4	管理产品和服务的生命周期(10067)	产品/服务生命周期管理 · 具有控制产品/服务生命周期阶段的详细计划。 · 按计划对产品/服务进行改进、修订或丢弃	产品或服务更新频率——产品多样化	小批量多品种
		新产品/服务的引入 · 每隔一定时间对产品/服务要有重要的改进。 · 每个新产品的引入都要让用户尤其是领先用户知晓。 · 不断缩减引入新产品的周期		
		产品/服务管理 · 具有结构化的流程控制并按计划修订产品/服务。 · 产品/服务范围管理的过程规范、团队专业、频率适中。 · 产品生命周期管理流程与自动产品设计活动紧密相关		
1.1.5	管理产品和服务的主要数据(14192)	产品/服务数据 · 具有数据管理的专业团队能够支持创新需要的数据收集与分析工作，并负责数据维护工作。 · 具有产品/服务数据库，记录产品/服务属性。对产品/服务数据进行近乎实时的更新。 · 有主信息系统能够维护数据的完整性，主信息系统能够处理来自多维度的同一产品/服务的数据。 · 为了保证生命周期的一致性以及符合内部、客户和供应商的标准，需要进行数据标准化处理		
		标准化管理 · 采用行业标准对数据进行编码。 · 积极参与新行业标准的开发，参与行业自动化信息标准的制定。 · 数字和形式符合跨行业标准，例如 UCC、EAN、GTIN 等。 · 数据质量控制能力能够保证在高质量标准情形下，固定的自动身份标签可被读取		

表 6-1（续）

编号	主要功能		主要技术	技术趋势
1.2	产品/服务开发(10062)			
1.2.1	设计、构建、评估产品和服务(10080)	产品工程(设计) · 具有逆向设计竞争对手产品/服务的能力，以及在新产品/服务中整合最佳实践的流程。 · 采用人因设计解决产品/服务在家庭、办公室、野外等不同情境下的使用。 · 具有确定某种设计导致的成本节约程度、特性改善程度和价值增值程度的评价方法。 · 精益开发方法完全集成到设计团队中，主动节约工程贯穿于整个产品设计。 · 具有提供对成本节约设计反馈的流程，包括制造、测试和零件采购。 · 产品开发的过程由集成产品团队驱动，团队成员或全职或兼职，由跨职能或跨企业成员构成，领先用户和关键供应商是集成产品团队中的成员。 · 与合作伙伴定期举办技术会议，沟通新产品引入计划，最大化资源获取，为生产做准备。 · 在线合作设计流程以及常用的技术平台，能够支持分布式设计团队协同工作。 · 聘请来自外部的评估团队，包括供应链各节点的代表，评估设计变更命令或请求的影响	(1) 逆向设计； (2) 人因设计； (3) 精益开发； (4) 供应商参与； (5) 用户参与； (6) 跨职能团队	供应商参与
		质量设计 · 具有服务于设计的、来自所有职能领域的主动反馈环(例如，维修、呼叫中心、工厂和质量)。 · 在设计中主动使用客户售后服务和维修数据。 · 产品和服务是为可持续发展而设计的	(1) 主动反馈环； (2) 售后数据； (3) 可持续设计	绿色设计
		合作设计 · 具有评价并行设计和合作设计是否成功的测量方法。 · 由供应商、内部团队和用户代表进行合作设计。 · 供应商的专业知识被充分地应用到产品/服务的设计与完善中。关键供应商在产品/服务设计中发挥关键作用。 · 具有正式的收益共享计划保证供应商能够从对产品设计的贡献中获益	(1) 并行设计； (2) 合作设计； (3) 供应商参与； (4) 用户参与	供应商参与

表 6-1（续）

编号	主要功能		主要技术	技术趋势
1.2.2	新产品/服务的市场测试（10081）	· 用户参与售后市场的策略制定环节，包括包装材料回收与退货策略。 · 策略性用户满意项目能够建立用户向设计团队反馈的渠道。 · 通过用户试用、样式甄选、意见征集等方式将终端用户完全整合到设计过程中，由用户指定的产品/服务设计会得到用户对最终产品/服务的认同。 · 渠道伙伴，包括线上渠道与线下渠道被完全整合到新产品/服务市场测试环节，具有确定渠道参与成功与否的评价方法。 · 提升包装与产品的易用性，使用户能够灵活地使用和安装产品。 · 渠道伙伴与物流伙伴共同参与产品包装设计环节，同时兼顾销售目标与物流效率目标。 · 次级供应商参与设计阶段，不断提升零部件的通用性	（1）用户参与； （2）渠道参与； （3）物流参与	用户参与
1.2.3	准备生产（10082）	· 在设计环节考虑制造/集成的可行性与容易性。 · 团队采用持续改善方法以利于持续性改进。 · 具有发布从工业设计到制造设计的标准流程。 · 使用并行工程，提高生产柔性应对市场变化。 · 自动化系统支持考虑制造/集成的设计（例如，计算机程序识别高质量的通用部件，为产品赋分作为集成容易性的函数），并且保证消除设计和集成中的冗余性与无效性。 · 采用流程再造延迟产品差异化环节。 · 常规性、低成本策略的产品采用精益生产模式组织生产；创新性、易逝性产品采用多品种、小批量生产模式组织生产	（1）持续改进； （2）并行工程； （3）流程再造； （4）多品种、小批量、精益生产	（1）流程再造； （2）小批量多品种

二、市场与销售流程标准及技术

市场与销售包括营销策略开发、销售策略制定、销售计划制订与管理。其中营销策略开发中的主要环节是定义与管理渠道策略；销售策略制定的主要环节包括销售预测、形成销售伙伴/联盟关系和促销管理；销售计划制订与管理的主要环节是客户服务管理和订单管理。市场与销售流程标准及技术详见表 6-2。

（一）营销策略开发

渠道策略管理：渠道是营销中的关键，营销是供应链中的重要环节，因此营销策略是供应链策略的子策略，供应链策略是营销策略的上位策略，在制定营销策略时要充分考虑供应链策略目标，将营销策略作为供应链策略目标实现的重要支撑之一。同理，渠道策略的上位策略是营销策略及供应链策略。设立渠道的目的是精准服务客户，提高客户的产品可得性及便利性，因此渠道策略管理的起点是客户细分。在电子商务环境中，数据分析与挖掘是制定营销策略的关键，综合采用行业数据、地理数据、渠道数据、品牌数据、产品数据、流行趋势数据细分市场、细分客户，基于大数据分析与挖掘技术预测多产品、多客户、多渠道的，在产品生命周期、促销、季节性影响下的需求，构建产品、渠道、企业、供应链的定价决策模型，制订企业及供应链盈利计划。将基于数据分析与挖掘得到的结果通过正式的跨职能流程反馈到其他业务与职能部门。基于市场细分合理划分线上、线下渠道功能与定位，做好渠道盈利平衡，使线上、线下渠道各自服务自身渠道范围内的客户，同时在功能合作方面能够产生协同效应，使 O2O 渠道按照整体利润最大化的目标协作。

（二）营销策略制定

销售预测：电子商务环境提高了预测数据的可得性与易得性，也增加了可用于需求预测的数据的种类与数量，因此基于海量数据的销售预测对于供应链运营效率与效益具有重要意义。销售团队在预测指标选取方面具有天然的优势，他们应该是需求预测团队的重要成员。除此之外，海量数据的预测方法与传统预测方法存在较大的差异，需求预测团队中还应该包括掌握数学建模与海量数据处理技术的专业人员。整合多维数据的企业数据库平台应对销售部门开放，使其能够及时获得客户或潜在客户的数据。在预测指标选取方面应全面考虑影响需求的各类因素，采用可以量化的数据构建预测模型，最后基于不可量化的数据进行预测结果修正。预测结果要向相关部门开放，使其成为拉动运营的开关，供应链运营活动以需求预测结果为决策依据。对于预测结果要根据实际情况进行评审，评审目的是适时调整关键预测指标及预测模型，提高需求预测的准确性。

形成销售伙伴/联盟关系:线上、线下渠道能够扩大用户覆盖面,增加产品销量。线上渠道又分为多个主流销售平台和部分小众消费社群,线下渠道也分为品牌直营、品牌加盟以及众多零售品牌商。依据产品定位进行渠道结构优化,采用分渠道需求预测模型及数学建模工具优化渠道结构。不同渠道面对的客户群体具有一定的差异性,因此在产品组合、产品定价等方面要进行合理设计,同时要考虑到不同渠道之间的竞争,从供应链整体利润最大化的角度设计协调策略,保证各渠道成员的行为服务于供应链整体利润最大化的目标。这就需要供应链运营中心充分掌握各渠道的市场数据与运营数据,从而进行集中决策。

促销管理:线上产品的促销比较频繁,促销已成为电子商务市场引流的主要手段。消费者已经习惯了电子商务市场促销导致的提前消费模式,因此探析不同促销活动的促销效果尤为重要。促销效果中至少包含促销引起的销量增加绝对值、促销引起的销量增加幅度,以及该增加幅度的持续时间。掌握线上促销规律之后,在促销资源配置方面,重点配置促销效果较好的活动,例如针对快时尚产品促销效果的研究发现,平台的促销比店铺促销效果更好、节日的促销效果比假日的促销效果更好。线上的引流是促进销售的主要手段,而新产品的发布是引流的重要手段之一。然而线上新产品销售不可体验的缺陷使得鼓励第一批消费者尤为重要,因此针对新产品的促销要以吸引第一批消费者为目的,详细分析潜在消费者的消费特征,设计适合他们的促销策略至关重要,目前低于计划价格的预售是普遍采用的策略。商家通过新产品预售引流、积累用户口碑,降低保守用户的消费风险感知,进而提升产品的总销量。

(三)销售计划制订与管理

客户服务管理:由于信息不对称问题在电子商务环境中更加严重,因此售前、售中的客户服务对于交易是否成功、售后的客户服务对于产品未来销量至关重要。售前的客户服务要熟知产品相关信息,通过沟通了解客户的真实需求后再推荐适合客户的产品。为了避免让客户建立不切实际的预期,为客户解答产品疑问时一定要实事求是,不做主观判断。因此,要求在售前、售中、售后环节接触客户的人员都要具备销售代表的能力,具有客户关怀的意识。将售后客户投诉抱怨事件设置为最高优先级,在最短时间给出合理处理。相关配套服务要有明确的定义,例如物流时间等。价格决策要由收益模型进行量化分析，对于新产品、促销产品和清仓产品的价格决策要充分考虑原材料可得性、供应商能力、服务水平及成本，同时也要考虑不同情景下的客户对价格的反应。

订单管理：收到在线订购信息后，首先要有订单自动判定功能，确认对客户要求的履行能力，结合供给能力及收益分析，做出订单确认决策、库存决策和运输决策，并给出可达时间的承诺。客户数据存储于数据库中，销售人员可以自主定制分析报告，基于客户数据的分析开展交叉销售与向上销售活动。客户可以实时查询与跟踪订单履行情况。对于客户的咨询需要具备正规的工作程序，给出及时反馈。如果订单履行需要与第三方合作完成，则需要与第三方进行信息共享，实现订单履行过程的无缝衔接。

表 6-2　电子商务供应链市场与销售流程标准及技术

编号	主要功能		主要技术	技术趋势
2	市场与销售（10004）			
2.1	营销策略开发（10102）			
2.1.1	渠道策略管理（10122）	营销与供应链整合 · 企业基于大数据分析与挖掘技术精准研判市场需求，并将分析结果通过高度集成的系统和正式的跨职能流程反馈到其他业务与职能部门。 · 将剖析市场需求的过程和确定有吸引力市场需求规模的过程与供应链策略/计划相关联。 · 采用考虑行业、地理、渠道、品牌、产品、风格和其他分类依据的市场细分模型对客户进行细分。通过市场细分模型推动需求预测和盈利预测，进而形成供应链盈利计划。 · 将按产品划分的市场计划、竞争分析以及按细分市场划分的产品和功能计划纳入供应链计划中。 · 市场营销部门了解供应链战略，供应链战略是市场营销战略的输入。 · 采用结构化的流程与方法评价留住客户或渠道市场，评价指标与定价/服务期望和盈利能力相关。 · 合理划分线上、线下渠道功能与定位，做好渠道盈利平衡，不仅使线上、线下渠道各自服务自身渠道范围内的客户，同时在功能合作方面能够产生协同效应，使 O2O 渠道按照整体利润最大化的目标协作	（1）数据驱动：推荐系统、机器学习等； （2）市场细分模型； （3）供应链规划； （4）定价调整； （5）需求预测	个性化推荐

表 6-2（续）

编号	主要功能		主要技术	技术趋势
2.1.1	渠道策略管理（10122）	价格与利润优化 · 基于需求预测和利润率调整产品价格，以优化特定产品的盈利能力，包括跨渠道的品类的、部门的和企业的盈利能力、销量计划和销售收入目标。 · 支持多库存单元、多客户以及多渠道的定价管理。 · 考虑生命周期、促销、季节性、价格等因素，提升产品需求趋势、销售率、季节性影响及季末抛售预测的准确性	(1) 数据驱动：推荐系统、机器学习等； (2) 市场细分模型； (3) 供应链规划； (4) 定价调整； (5) 需求预测	个性化推荐
2.2	营销策略制定(10103)			
2.2.1	销售预测（10129）	销售预测 · 销售团队是销售与运营计划制订过程中的重要组成成员。 · 销售部门具有获得客户或潜在客户数据的信息平台，并能够集成客户销售预测数据。 · 在销售预测中尽量全面考虑影响需求的各类因素，采用可量化的变量预测，不可量化的因素作为最后预测结果的调整依据。 · 正式的预测评审由销售代表和经理执行，在销售季中评审销售季前的销售预测，在销售季末评审销售集中的销售预测，在销售季结束后综合评审预测。 · 通过对预测结果的评审，适时调整销售预测的关键指标，不断提升预测的准确性。 · 将交易中断、退货等因素考虑到销售预测过程中，依据预测评价结果考虑将交易中断及退货的原因作为销售预测指标的筛选依据之一。 · 销售预测数据和通用数据库可以被关联部门访问。 · 将销售预测作为运营决策的牵引与驱动，使其与整体业务收入相结合，与财务预测相协调。 · 资源的投入与分配要依据基于事实的预测结果	(1) 数据集成； (2) KPI 指标测量与管理； (3) 销售团队建设； (4) 焦点预测	

表 6-2（续）

<table>
<tr><th>编号</th><th colspan="2">主要功能</th><th>主要技术</th><th>技术趋势</th></tr>
<tr><td rowspan="2">2.2.2</td><td rowspan="2">形成销售伙伴/联盟关系（10130）</td><td>管理渠道合作伙伴
· 有效使用集成系统管理多渠道合作伙伴，多渠道共享产品、销售、库存和退货信息。
· 能够准确获取终端销售和渠道的客户服务水平。
· 能够准确、实时掌握订单绩效、准时交付绩效以及订单和服务的完成情况。
· 能够准确及时了解销量、价格及其变化。
· 能够准确及时了解渠道伙伴的品牌管理策略，适当采用联合品牌扩大客户覆盖面、增加产品影响力，体现产品差异化。
· 能够整合需求管理流程与数据，有效安排、监管促销执行与支出。
· 能够使用 SaaS 或基于浏览器的解决方案监管和同步跨业务合作伙伴的全渠道管理业务流程——包括实时的多阶段存货管理、补货、产品组合和渠道伙伴销售预测等</td><td rowspan="2">（1）渠道管理；
（2）订单追踪；
（3）全渠道管理；
（4）品牌联合</td><td rowspan="2"></td></tr>
<tr><td>渠道设计与管理
· 通过数学建模或统计建模确定渠道结构并辅助渠道取舍决策。
· 基于渠道合作伙伴和企业之间的市场份额与市场分割建立模型进行分渠道的销售预测。
· 将渠道定位与品牌定位的匹配性、渠道需求规模等作为渠道优化的考虑要素。
· 通过客户协议、配送中心等监控渠道销售政策和服务水平的落实情况</td></tr>
<tr><td>2.2.3</td><td>促销管理（10131）</td><td>· 在产品设计和定价时就区分引流产品、爆款产品及盈利产品等。
· 掌握线上促销规律，根据线上平台促销活动安排促销，重点考虑平台促销与节日促销活动。
· 将新品发布作为引流工具，增加新产品发布频次，缩短新品发布周期。
· 将预售作为促销方式，配合新品发布，积累用户口碑</td><td>（1）引流产品设计与定价；
（2）促销规律探析；
（3）预售定价</td><td></td></tr>
<tr><td>2.3</td><td colspan="2">销售计划制订与管理（10105）</td><td></td><td></td></tr>
</table>

表 6-2（续）

<table>
<tr><th>编号</th><th colspan="2">主要功能</th><th>主要技术</th><th>技术趋势</th></tr>
<tr><td rowspan="2">2.3.1</td><td rowspan="2">客户服务管理(10184)</td><td>销售过程
· 市场营销部门和销售人员要认识到客户关怀是企业层问题，主动营造完整的企业客户关怀氛围。
· 客户要求与需求的满足是衡量企业绩效的关键指标。
· 在处理客户服务反馈时不可中断，在形成即时解决方案的过程中客户的投诉处理具有最高优先级。
· 所有的员工都接受过客户代表的培训，并准备好与客户打交道。
· 营销团队全员参与精益活动。
· 明确定义客户服务水平，不低价抛售或者高价销售物流服务（例如，禁止免费提供紧急交付物流服务）</td><td rowspan="2">(1) 客户关系管理；
(2) 精益管理；
(3) 定价管理</td><td rowspan="2">客户关怀</td></tr>
<tr><td>价格管理
· 产品或服务的价格明确，并能提供一定期间的保价服务。
· 产品价格确定要综合考虑供应的可得性、供应商的能力及服务水平要求。
· 具有收益决策模型支持价格决策。
· 基于作业成本（ABC）和服务成本数据，为所有新业务或产品编制损益表</td></tr>
<tr><td rowspan="2">2.3.2</td><td rowspan="2">订单管理(10185)</td><td>订单接收与评价（10194）——订单接收
· 支持对客户单独报价。
· 客户可以通过多种方式（网页、App、嵌入式程序等）控制订购过程</td><td rowspan="2">(1) 订单管理系统；
(2) 订单有效性管理；
(3) 客户 ABC 分类管理</td><td rowspan="2"></td></tr>
<tr><td>订单接收与评价（10194）——订单确认
· 具有基于价格验证、提前期、计量单位、多级信用检查（金额限制，应收账款周转天数）、客户/产品限制和出口合规的自动化规则。
· 在考虑价格折扣、附加费和产品可得性时，需要准确反映顾客的诉求。
· 有能力从多个地点（如有必要）完成客户订单并满足客户的交付需求。
· 销售订单确认过程允许客户因为例外情况而重新分配订单，或者保证对关键客户的关怀。
· 定期测试定价模型（在产品层面、客户层面和渠道层面）保证其有效性。
· 客户与销售代表记录、跟踪和分析价格异常情况。
· 自动检验物流可达性</td></tr>
</table>

表 6-2（续）

编号	主要功能		主要技术	技术趋势
2.3.2	订单管理(10185)	订单接收与评价(10194)——客户数据管理与应用 · 客户数据存在单个可访问的数据库中。 · 数据可以实时更新。 · 系统能够追溯数据来源。 · 数据项定义符合行业规则。 · 自动检查数据的有效性。 · 客户服务代表能够获得客户的详细数据。 · 内部应用程序可以访问数据库，实时更新客户数据。 · 主系统维护数据的完整性。 · 自我校正与标记录入数据的潜在错误。 · 能够基于客户数据在线实时定制分析报告。 · 销售部门人员能够根据需要自主创建报告	(1) 客户信息系统管理； (2) 客户数据处理	
		库存可得性决策(10196) · 在线查看可交付量的可得性、估计交付日期。 · 可交付量与生产计划系统链接，考虑到产能、物料、存货量和替代品，允许动态预定库存与未来产量。 · 作为精益供应链战略的一部分，允许上游供应商查看可交付量。 · 在可交付量分配阶段，根据客户类型或产品类型对订单进行优先级排序。 · 具有仿真与建模等高级决策支持能力	(1) 精益供应链； (2) ERP(企业资源计划)； (3) VMI(供应商管理库存)	精益供应链
		物流与运输决策(10197) · 订单输入时包括运输服务水平和定价。 · 订单输入时，基于服务水平要求、产品特征、成本、承运商合同和碳排放要求与目标，自动选择运输模式和承运商	(1) 因素分析法、综合评价法等评价模型； (2) 承运商管理	

表 6-2（续）

编号	主要功能		主要技术	技术趋势
2.3.2	订单管理(10185)	订单录入，识别/执行交叉营销/向上营销活动(10198)——订单录入 · 具有基于网络的订单录入系统，有统一的订单数据库，可以根据客户所在地提供当地语言界面和多种数据形式。客户可以对新订单进行实时查询与跟踪，也能查询已完成历史订单的详细资料。 · 具有可靠、灵敏和为客户量身定制的电子商务界面，客户的订购体验被可视的、可听的界面所强化。 · 在线订购系统由工作人员或第三方合约商全天提供技术支持。 · 在线订购易于操作，即使是新网络用户也可以无障碍使用。 · 订单录入时产品定价准确，包含配置详情。 · 订单录入系统与库存管理系统相连，能够创建满足目标库存水平的提示。 · 订单录入或审核人员具有交叉营销/向上营销的能力。 · 订单录入或审核人员的绩效与交叉销售绩效、首次接触解决方案和客户满意度相联系。 · 员工聘用、培训和绩效管理注重客户体验的传递	(1) 基于网络的订单录入系统； (2) 售前/售后绩效管理； (3) 员工管理要点； (4) 交易系统安全管理； (5) 订单实时处理能力； (6) 实时物流信息系统	
		订单录入，识别/执行交叉营销/向上营销活动(10198)——订单处理 · 订单录入系统实时处理订单并发送确认信息。 · 客户订单能在应许的日期内履行。 · 具有处理争议订单的能力。 · 具有安排在途合并交付的能力		
		订单录入，识别/执行交叉营销/向上营销活动(10198)——订单确认 · 能够在线自动确认订单。 · 基于运输周期和可靠性为客户提供预计送达时间		

表 6-2（续）

编号	主要功能		主要技术	技术趋势
2.3.2	订单管理（10185）	未拨付订单管理（10199） · 信息系统能够自动报告常规确认信息和异常。 · 客户能够跟踪订单处理、履行和发货过程。 · 统计订单处理数据，包括承诺和实际发货日期、计划和实际制造日期、客户请求日期、实际的顾客接收日期以及请求和发货的数量。 · 根据预期交付日期跟踪运输途中的所有货物，必要时采用加急运输	(1) 订单异常处理系统； (2) 订单处理性能指标统计	
		订单履行查询与管理（10200） · 具有处理客户咨询的正规流程，并在 2 小时内解决客户咨询问题。 · 客户可以通过多种方式实时查询订单状态。 · 跟踪运输状态，加快运输速度。 · 如果运输外包，则需要与外包方无缝共享信息。 · 具有订单履行绩效评价指标，针对订单履行效果和效率进行绩效评价	(1) 客户反馈与服务流程； (2) 信息无缝连接； (3) 订单评价体系	

三、产品/服务交付流程标准及技术

产品/服务交付包括资源获取计划、物料/服务获取、产品生产与交付、客户服务、物流与仓储管理。其中资源获取计划包括开发生产和物料计划、产品和服务的需求管理、物料计划编制、形成与管理主生产计划、规划配送要求、构建配送计划约束、配送计划政策审查、评价配送计划的绩效、开发质量标准和程序。物料/服务获取包括采购策略开发、供应商选择与发展、物料和服务订购以及供应商评价与开发。产品生产与交付包括生产排程、产品生产、排产计划与绩效维持、执行质量检测、批量可追溯性管理。客户服务包括服务提供、确保服务质量。物流与仓储管理包括物流策略、输入物流计划、仓库运营、出货运输运作、管理逆向物流。产品/服务交付流程标准及技术详见表 6-4。

（一）资源获取计划

开发生产和物料计划：确定生产目标时，应综合考虑市场、技术和产品的实际情况,采用与市场、技术和产品相匹配的生产理念和标准,尤其是以产品市场需求特征为主导的生产策略,例如对于常规性产品应该以精益生产进一步控制成本、提升产品品质;而对于具有时尚属性的产品则应该以快速响应理念提高对市场需求的反应速度。在确定劳动力和物料策略时要重点考虑合法性问题,电子商务产品的市场覆盖范围较广,劳动力政策与物料属性等要符合广域市场范围中的社会文化要求。在外包策略设计中要着重考虑承包商绩效的可测量性、供应的稳定性以及企业的成长性,在设计激励策略时要综合考虑短期目标与长期目标,以长期激励策略规避承包商的零和博弈行为,以短期利益保障解决承包商的激励相容问题。在生产场所布局、生产组织方面,要与生产策略一致,单元式布局、符合人体工学要求、尽量减少人员及物料的移动、缩短产品切换时间、可视化控制、差异化延迟等策略是提升响应速度、降低生产成本的基本要求。

产品和服务的需求管理:在制定预测方法选择时,基于大数据,可以采用聚类分析、关联分析等分析技术预判表达流行趋势的产品属性;或者采用机器学习技术(如随机森林)和深度学习(如神经网络)等方法,进行产品市场需求区间估计。同时可以采用范围预测和情景预测做好需求不确定性的管控。在预测过程中充分挖掘客户及供应链的智力资源,锁定目标客户,梳理关键客户,将来自关键客户和目标客户的需求分析作为主要的预测数据,在进行目标客户和关键客户的筛选时,由于渠道具有近距离接触客户的天然优势,所以要充分发挥渠道的作用。尤其是在电子商务平台中,平台掌握客户的访问路径、停留时长、关联浏览等多维度数据,利用这些数据不仅可以预测产品的当前需求,还可以挖掘客户的潜在需求。综上,在需求管理中要与客户合作、与供应链成员开展共识预测。在分配承诺可得量时,要为关键目标客户设定较高的优先级,与供应链成员共享客户的需求请求数据,增加供应链的市场反应速度。供需平衡的检测要以需求预测为依据,根据需求预测与实际需求消耗的对比,及时调整需求分配策略,以达到供需平衡、提高收益能力。对于需求预测方法的评估包括需求实现前的评估与最佳预测方法的筛选,和需求实现之后的需求预测方法评估与需求模型修正。前者主要通过对历史数据预测准确性的评价、多种预测方法独立及组合的测试、跨职能团队的评价等方式进行评估,后者主要通过预测值与实际值之间的差异进行评价。

物料计划编制：编制无约束物料计划时要考虑新产品的引入计划与产品生命周期。与供应链合作伙伴建立CPFR合作模型，通过共享在库存货与在途存货信息，准确掌握库存信息，为物料计划的编制提供已有存货的信息。对供应商的评价包括财务绩效及关键物料的供给能力，当供应商绩效评价下降后，要及时准备应急计划，避免物料供给中断。形成物料规格说明，可以据此判断不符合要求物料的影响范围及程度。将无约束物料计划与设备、产能、物料的供给约束相关联，以应急计划应对各种约束。通过授予自主团队产能平衡权力、赋能生产单元生产柔性、生产节拍控制等措施在整个生产部门平衡产能，提高产能柔性，满足约束型物料计划的需求。

形成与管理主生产计划：生产计划以真实需求为牵引，根据需求、存货情况及需求交付情况编制生产计划与转配计划，采用在线排产技术快速解决供需平衡及供给和需求中的约束问题；制定标准的在制品存货水平，采用信息技术实时监控在制品存货的变化情况；主生产计划要获得供应商的支持，为供应商开通存货查询窗口，供应商可以实时查看供给货物的使用情况，适时采用供应商管理库存模式，降低存货水平，提高补货效率；在计划编制过程中要将废品、返工等原因导致的时间浪费考虑在内，并将库存优化模型结果整合到主生产计划以得到最优的主生产计划。

规划配送要求：事先根据历史数据预测客户存货消耗率，根据客户存货消耗率设置配送方案，跟踪实际客户存货消耗率，根据与预测消耗率的对比，及时调整出货速率，能够按照客户的要求及期望的日期将适当数量的产品送到客户指定的地点。对于承运人要适时进行评估，识别符合绩效和能力要求的承运人。尽量基于拉式的客户补货信号驱动配送作业，并基于客户再订货点设置VMI的存货水平，当存货下降到再订货点时能够发出预警信号，在存货管理与优化中引入智能分析工具，不断优化存货水平与配送能力。

构建配送计划约束：配送中心是成本中心，要以精益理念指导配送中心的运营，包括空间利用率的改善、储位优化和货物保管等。例如在空间利用率改善方面，配送中心的布局可以采用非正交式储位布局，缩短拣货搬运距离；在储位优化方面，可以采用ABC分类法、EIQ分析法等方法根据品项的物动量或订单/品项的特征，进行储位分配，提高拣货效率，增加分拣设备的利用率。配送中心的主要职能还包括“送”，在该环节仍然以精益理念为指导，重点是在满足客户交付要求的基础上进行成本优化，可通过承运商关系管理、运输成本跟踪与分析、运输线路优化等方法降低运输成本。

配送计划政策审查：建立配送网络满足广域目标市场的客户需求，配送网络具有一定的自适应性，在环境发生变化时，通过调整依然能够完成产品交付服务。以物流服务供应链或物流服务供应网的思路构建配送网络，将网络中的成员作为上下游合作伙伴进行管理，能够与其共享信息、共同制定运作策略、共担供需失衡的风险、共享物流服务改善带来的收益。

评价配送计划的绩效：整体配送计划的绩效主要通过配送任务的成本与效率进行评估，通过采集实际配送任务完成的成本与效率，从投入产出方面评价配送计划的绩效。通过对标标杆企业的配送计划，改善配送绩效。与核心配送供应商建立战略合作伙伴关系，鼓励配送供应商改进配送作业，在确保配送效率的前提下，尽量缩减成本，将因成本节约产生的收益与核心配送供应商进行共享。鼓励配送供应链早期参与到供应流程的设计与优化环节，建立共同改善的基础，促进持续改善。

开发质量标准和程序：建立质量目标的重点是聚焦预防、改进与过程效率，制定准时交付无缺陷产品或零部件的目标，在供应商绩效考核时要包含供应商交付物的质量水平。同时，供应商绩效指标要不低于自营模式下的绩效水平。要将全面质量管理落实到管理的各个环节。形成质量标准后要对质量标准进行定期审查，由运营部门和负责质量改进的工作人员负责组织第三方质量团队进行评定，关注与质量相关的成本、关注质量标准对质量改善的效果等。产品的质量要求及相应的工艺则要与供应链成员进行充分沟通，以确保产品质量无缺陷。在供应链成员之间要明确不同环节产品质量的责任单位，在质量管理责任明确之后，一旦发生质量问题，则可以通过回溯找到产生缺陷的原因与责任组织。良好的监督措施有利于质量改善策略的落实。

（二）物料/服务获取

采购策略开发：市场情报与关键供应商评估是确定最有效采购策略的关键。采购策略服从于总体运营战略，以精益运营或快速反应为运营战略将分别对应于不同的采购策略，对应于不同的供应商评价指标体系。然而不论哪种运营战略都需要与供应商的密切配合，例如吸引供应商早期参与到产品/服务/工艺的开发阶段，使供应商能够对于企业的需求做出快速反应，同时利用供应商的专业知识，提升产品/服务质量，改善工艺流程。与供应商建立联合为客户提供售后服务、联合保障客户的满意度与忠诚度的合作计划，与供应商划分明确采购需求、制定库存策略、需求与供应能力匹配、公司支出分析、效率和价值提升机会探寻、与供应商合作发现采购机会。

供应商选择与发展：根据企业的价值创造目标与方式制定供应商选择标准，突出供应商对价值共创贡献的作用，向潜在供应商开放供应商选择标准，促进供应商的持续改善，增加高质量后备供应商的数量。供应商的认证过程应有跨职能团队参与，在供应商处完成认证过程。战略供应商要进行全面认证，并定期开展复核评估。基于采购总成本和收益共享的权益总成本，与供应商签订合同；采用标准合同能够保证合同的一致性、加快签约速度。与战略供应商应签订收益共享合同或风险共担合同。

物料和服务订购：采用线上采购订单审核处理系统，与供应商共享物料需求计划。预先定义采购人员的采购权限，采购人员可以查询供应商数据库，随时查看物料清单中各种品项不同供应商的报价、前置期和成本等相关信息。在采购任务的具体执行中，区分战略采购与一般性的物料采购，并具有降低加急采购频次的措施，具有跟踪货物采购过程的信息系统，能够及时识别错误，与供应商一起启动错误纠正措施。

供应商评价与开发：信息是供应商评价与开发的基础，因此首先要建立供应商信息数据库，能够实时查询与供应商相关的信息，并根据国际标准、行业标准进行数据标准化处理。供应商是否能够与企业发展战略匹配、是否可以跟企业发展速度匹配是企业评价高质量供应商的重要指标，总采购成本和总服务水平是供应商绩效的基础指标，该两项指标由供应商自我评价。邀请供应商共同参与采购绩效指标的制定过程，供应商的早期介入会加深其对采购绩效要求的理解，也容易吸引高质量供应商参与到成本节约等改善项目中，为供应链的利益最大化作出贡献，从而共享因节约和改善产生的收益，保证供应链改善的可持续性，增强供应链竞争优势。聘请第三方机构进行供应商绩效审计，提升审计能力，依据审计结果制订纠偏计划。

（三）产品生产与交付

生产排程：以需求驱动生产为原则，基于产品需求率随时间的变化及生产周期的客观要求，采用自动化排程技术，在充分考虑各种约束的情况下，制订生产计划和调度解决方案。采用小批量多批次的生产组织方式，在简化物流的同时实现生产与需求同步。

产品生产:在制造过程中采用精益六西格玛原则以较低的原材料库存满足客户的需求。在执行生产计划时可以根据客户属性、原材料及生产能力的可得性以及利润率动态调整生产计划,赋予员工处理例外情况的权力,增加生产柔性。在缺陷产品退回问题的处理方面,要将供应商纳入问题处理组织,适时启动供应商纠正措施,并将缺陷率与供应商的绩效考核挂钩。

排产计划与绩效维持:重视预防性维护计划的设定与执行,预判可能影响生产绩效的因素与问题,设计避免问题出现的措施。分析计划外维护产生的原因,将可循规律的问题补充到预防性维护计划中,持续减少计划外维护。

执行质量检测:对于进货产品严格按照既定的质量控制程序进行检测,将因损坏或不合格产品导致的损失将到最小。

批量可追溯性管理:要保证从原材料到产成品的完全可追溯性,采用 IT 技术,在实物产品上张贴机器可读的编码,以低成本和高效率实现批量可追溯性。

(四)客户服务

服务提供:对面向客户的所有服务进行整合与集成,设定统一的服务标准,便于指导与监督服务履行过程的标准化,保障为客户提供服务的一致性。面向客户的综合服务可能是由多个服务提供商协作完成的,但要设置合适的合作机制保障不同服务之间的无缝衔接。

确保服务质量:不仅要关注客户的满意度,更要关注客户的忠诚度和客户承诺。在组织中具有常规性制度保障由管理层定期依据客户忠诚度和客户投诉信息发起改善行动。组织要将客户忠诚度和客户承诺视为重要的要求,客户的忠诚度和承诺可以代表企业的盈利能力。要及时发现影响客户积极行为的因素,并要持续改善这些影响因素。客户忠诚度和客户承诺的信息获得来自对关键客户的深度访谈和第三方机构的调查。组织中的每个员工都清楚自己的工作对于提升客户满意度、忠诚度和承诺的作用。

(五)物流与仓储管理

物流策略:物流的运营目标是在满足客户需求的前提下尽可能降低成本,满足客户需求是物流运营目的实现的必要条件,因此以客户为中心是制定物流策略的基础。通过对服务对象的深度访谈、邀请服务对象参与物流策略设计及主要物流决策环节是了解客户需求、落实客户需求的主要途径，同时客户对物流服务的满意度及客户投诉是检验客户需求是否被落实的有效方法。绿色物流不仅是以客户为中心设计物流策略的重要体现，同时也是企业社会责任的必然要求，将碳达峰和碳中和纳入物流策略设计中，在物流设施、物流设备及物流活动设计中，将二者作为重要的评价指标，评价物流相关决策的优劣。充分利用经济模型及系统规划方法，对物流网络、运输路线、仓库布局、拣选路线等构建模型，在充分考虑约束条件的情况下，优化模型，找到最优的决策变量取值，将之转换为物流策略，设定关键绩效评价指标，跟踪影响运营绩效主要因素的变化，适时将影响因素的变化输入模型中，根据优化结果调整物流策略。定义关键绩效指标，将物流服务提供方纳入关键绩效指标改善计划中，促进物流服务提供商与企业共同成长。

输入物流计划：对所有供应商采用统一的预先发货系统，自动发出发货通知。所有的物流合作伙伴均可以实现实时业务数据交换，将 GPS 等技术应用到运输过程中，促进不同物流活动之间的实时协作，降低物流活动的衔接等待时间。构建储位利用率与总拣货路径模型，通过模型优化设计仓库布局、合理分配储位、设计拣货策略，进而提高仓库空间利用率，提高拣货效率。电子商务环境下退货比例较高，首先，物流、营销、制造和客户服务部门要将满足客户需求作为第一要务，从源头上降低退货率；其次，要设计服务于退货的物流程序，优化退货流程，提高退货效率，降低退货成本。

仓库运营：采用动态仿真方法，针对最大化仓库容积利用率和最小化拣货路径的目标，优化仓储储位分配和拣货路径设计。对每个库位都具有完整的多级库位编码，能够准确反映库位信息。在存储区与拣货区使用半自动或自动化搬运设备，尽量减少人工搬运活动。储位优化的原则综合考虑邻近最优拣货位、速度最大化、产品存储特征、产品兼容性和空间利用率等要求。按照最短路径法优化按订单拣货、分批拣货或波次拣货的拣货线路。将精益原则和六西格玛原则应用到库存管理中。通过纠正产生错误库存的问题，维护六西格玛库存准确性。定期评价第三方物流企业遵守计划的绩效以及对不合规服务水平的纠正行为，同时要将来自第三方物流节省的费用投资到更加完全和先进的可视化工具应用中。

出货运输运作：采用运输管理系统，该系统支持集中应用和区域性应用，具有编制计划、生成报告、统计分析和监控功能，并具备支持持续绩效改进功能。企业具有考虑诸如在库存货、发货日期、交付截止日、承运费用以及设备的可得性等约束条件下的运输解决方案。具体运输线路的选择需要考虑运输模式、运输线路和承运人。确定运输线路原则模型之后,可以将运输线路决策参数整合到运输系统中,作为自动选择承运人的评价规则。

管理逆向物流:采用退货物品授权系统支持自动退货过程,而正式的退货流程需要运营部门与供应链成员及客户商定,通过增加退货的便利性提高退货服务水平,同时将退货管理与客户信用管理建立关联关系,在处理退货的同时维护客户信用信息。跟踪退货物流及退货物品的处置环节,综合分析产品缺陷引起的退货,设定降低退货数量和提高退货处理速度的绩效指标。在综合考虑产品属性、客户类型和具体的合同条款的前提下,设定退货规则,确定退货处置地点。适当跟踪劳动力和物料消耗,从常规制造中分离出维修所消耗的劳动力和物流,从而明确维修费用的细节。在维修期间能够为客户提供替代产品,最小化维修时间,在退货到仓库之前就能够对特定产品的关键库存单元设置检查提醒。

表 6-3 电子商务供应链产品/服务交付流程标准及技术

<table>
<tr><th>编号</th><th colspan="2">主要功能</th><th>主要技术</th><th>技术趋势</th></tr>
<tr><td>3</td><td colspan="2">产品/服务交付</td><td></td><td></td></tr>
<tr><td>3.1</td><td colspan="2">资源获取计划(供应链计划)(10215)</td><td></td><td></td></tr>
<tr><td rowspan="2">3.1.1</td><td rowspan="2">开发生产和物料计划(10221)</td><td>定义生产目标(10229)——制造战略
· 企业采用并实施了与市场、工艺和产品相适应的生产理念和标准,如基于约束的计划、大规模定制、精益制造、准时制、全面质量管理等。
· 最大限度地提高灵活性和快速响应能力。
· 基于预测计算直接和间接成本。
· 销售和运营计划是企业的主要预测模型之一。
· 联合计划、预测和补货(CPFR)用来整合多个合作伙伴在计划和满足客户需求方面的智慧</td><td rowspan="2">(1) 精益制造;
(2) 准时制;
(3) 全面质量管理;
(4) 销售和运营计划;
(5) CPFR</td><td rowspan="2">精益制造</td></tr>
<tr><td>劳动力和物料政策(10230)——动力政策
· 企业内部具有正式的劳动力政策,劳动力政策符合当地法规。
· 劳动力政策适用于合作伙伴、合同工或第三方劳务提供方</td></tr>
</table>

表 6-3（续）

编号	主要功能		主要技术	技术趋势
3.1.1	开发生产和物料计划(10221)	劳动力和物料政策(10230)——物料政策 · 物流管理人员熟练掌握精益生产思想，属于正式的精益生产实施团队，大部分物流管理成员都接受过精益生产思想与方法的训练。 · 具有与集成物料团队(IMT)完全融合的供应商管理计划，该计划反映了集成产品团队(IPT)在设计方面的工作	精益思想	
		外包政策设计(10231) · 对于何时与如何外包会改善商业绩效具有清晰的理解。 · 具有明确的评价指标筛选承包商，外包前具有清晰的期望结果，外部成功与否也具有明确的考核标准。 · 采用基于成本/服务均衡的外包定价决策模型确定外包价格，在外包协议中规定的价格确定方式要体现对承包商的奖励。 · 外包协议要求承包商提供解决方案，而不仅仅是产品或服务	外包政策	
		制造资本支出政策定义(10232) · 采用价值工程方法判断制造成本支出获得的产品功能改善的投入产出价值。 · 资本项目的评估相互独立	价值工程方法	
		能力定义(10233) · 按产品/产品系列/工艺类型划分包括设备、空间、人员和物料的约束。 · 作为常规业务计划工作每季度更新一次1～3年的能力需求信息		
		生产网络和供应风险定义(10234) · 采用作业成本法和利润率分析法每年审查自制产品和外购产品的总成本及外购产品长期供应的稳定性。 · 内部产能利用率和固定间接费用对外购决策的影响也是分析的一部分。 · 使用预测分析避免物料短缺。 · 识别潜在供应风险，设计缓冲策略及相应的行动计划	作业成本法	

表 6-3（续）

编号	主要功能		主要技术	技术趋势
3.1.1	开发生产和物料计划(10221)	定义生产过程(14193)——生产过程 · 为每个操作岗位张贴标准的工作组合单，张贴标准的工作布局。 · 工艺与生产流程匹配准确，张贴工艺以便操作员查看。 · 定义工作程序，并进行可视化提示，围绕工作顺序设计生产线(工作单元)。 · 改善活动不一定以“问题”为驱动，而是要作为整个企业持续改进计划的一部分定期执行。 · 适当地使用单元制造，并在设施中进行布局。 · 单元间要同步，前续单元在适当的时间满足后续单元的生产需要，消除单元间的工作。 · 当单元被启动时，配备多技能员工，使用团队作业方法，能够支持工作单元的所有职能。 · 显示实时绩效，清晰的可视化控制可以被任何走路经过的人都能理解。 · 识别出客户要求受损的可能及原因，提醒员工避免。 · 工艺与加工团队完全协调以优化绩效。 · 在制造过程中使用可视的、清晰的、整合的、可自我管理的先进工艺。 · 生产前置时间与加工时间接近。 · 集成的生产工艺能够支持“按订单”和“按需求”等不同生产模式的要求。 · 单一流程用来拉动单元工作。 · 自导向运营可以自动重新分配任务以动态平衡生产单元的产能	(1) 持续改善； (2) 拉动式生产	

表 6-3（续）

<table>
<tr><th>编号</th><th colspan="2">主要功能</th><th>主要技术</th><th>技术趋势</th></tr>
<tr><td rowspan="3">3.1.1</td><td rowspan="3">开发生产和物料计划(10221)</td><td>定义生产过程(14193)——生产过程的调整
• 具有匹配的、以客户为中心的内、外部的流程。
• 通过客户、供应商和客观的第三方进行匹配有效性评价，将该评价作为例行工作。
• 例行内外部业务流程再设计以最小化非价值增值环节。
• 通过物流接收环节与退货处理和回收的拆包活动相匹配实现进出货活动的有效协调。
• 将过程（例如，消费拉动、倒冲等）整合到应付账款。
• 以新的最佳实践动态更新制造业务流程。
• 采用并经常升级六西格玛、精益生产和 ISO 要求，或者其他行业标准。
• 适当地将看板管理嵌入设施管理中。
• 配置调整周期短，在一个周期内完成工艺转换</td><td>(1) 六西格玛；
(2) 精益生产；
(3) 看板管理</td><td>精益生产</td></tr>
<tr><td>定义生产过程(14193)——生产过程控制
• 广泛安装防错设备，并设定/验证改进目标。
• 为失控而设的停止工艺可用可控设备实现。
• 在可用流程中有 100%（完全）自我校正功能，例外情况仅发生于特定的测试中。
• 在每个业务阶段广泛使用统计方法和工具，并能够被大部分员工理解。
• 生产的前置时间大概等同于工艺时间。
• 与加急工作相比，标准工作是常规性的。
• 工作是流畅的，与每周（甚至每天）的销售基础匹配。
• 设计的工艺是为了持续性交付无缺陷的产出</td><td>防错设备</td><td></td></tr>
<tr><td>定义生产过程(14193)——生产变更
• 持续改进实践不受时间影响。
• 存在评价转换是否有效的指标。
• 变更可以立即从请求传递到生产。
• 变更成本由合作伙伴分担，双方主动管理库存过剩风险，权衡成本和变更时间的风险</td><td>(1) 持续改进；
(2) 合作伙伴风险分担</td><td></td></tr>
</table>

表 6-3（续）

编号	主要功能		主要技术	技术趋势
		对单元/车间绩效测量 · 自动记录、跟踪实际绩效。 · 单元/车间员工使用绩效评价积极地识别和实施改进机会		
		定义生产场所布局和基础设施(14194)——工作场所设计 · 单元组织能够立即响应控制异常。 · 工作场所符合人体工程学设计，并具备持续减少体力、工作场所压力以及不必要劳动力的流程。 · 将安全和员工福利纳入工作场所设计。 · 工作场所设计融合了外包合作伙伴的空间和能力。 · 设备以灵活的、单元式的或其他适当的方式布局。 · 完全精简物流和员工的位移。 · 设施设计是为了适应诸如 JIT 和拉式生产的要求。 · 拣选中心是围绕灵活的工作中心组织的。 · 通过多工作任务或多工人分配降低重复性劳动。 · 对于大量的、重复性的托盘移动可以使用自动导引运输车系统(AGVS)	(1) 人体工程学设计工作场所； (2) 自动导引运输车系统	
3.1.1	开发生产和物料计划(10221)	定义生产场所布局和基础设施(14194)——制造能力 · 企业能够在内部以及通过外包伙伴满足客户对产品/服务配置与设计的要求。 · 产品或服务配置要作为完整供应过程的一部分。 · 企业在能力决策时要综合考虑可扩展性和敏捷性。 · 协调工程职能部门与制造部门，以消除冗余设计，有利于促进使用通用部件。 · 设备以灵活的单元式布局组织。 · 制造单元中的所有工作都是专业的。 · 多技能是制造单元工作实践的一个组成部分。 · 具有可视化的技能标准和训练计划，使技术超越当前水平		
		定义生产场所布局和基础设施(14194)——客户化的计划与管理和延迟操作 · 存在正式的延迟策略降低产成品库存。 · 物流合作方参与到产品集成与包装差异化流程中。 · 成套的零件可被可视化技术识别，并能够有序组织使用。 · 通用存货放置到工人所在位置，利用箱式系统进行补货	延迟策略	

表 6-3（续）

编号		主要功能	主要技术	技术趋势
3.1.2	产品和服务的需求管理(10222)	制定基准预测(10235)——预测方法 · 基于大数据，采用机器学习技术（如随机森林）和深度学习（如神经网络）等方法，进行产品市场需求区间估计。 · 基于大数据，采用聚类分析、关联分析等分析技术预判表达流行趋势的产品属性。 · 采用范围预测（例如，加或者减、百分点）和情景预测（例如，乐观情况、悲观情况和最可能情况）来描述不确定性。 · 参考预测范围和误差支持风险管理策略设计，例如缓冲库存、超额生产能力等。 · 与关键供应链伙伴使用联合计划、预测和补货的合作模式(CPFR)，在供应链计划和执行过程中采用销售和市场的最佳实践方法，例如分类管理，增加原料和产品的可得性，降低库存、运输和物流成本。 · 基于适当的技术和产品市场需求预测进行供应链仿真，为供应链运营提供决策支持。 · 通过与专业领域的人员、客户和供应商合作持续更新预测数据库。 · 在平衡供给与需求时，能够处理约束和非约束的条件。 · 在刻画需求时综合考虑定价和其他的促销活动的影响。 · 有能力即时调整需求预测，应对计划外事件	需求预测	

表 6-3（续）

<table>
<tr><th>编号</th><th colspan="2">主要功能</th><th>主要技术</th><th>技术趋势</th></tr>
<tr><td rowspan="2">3.1.2</td><td rowspan="2">产品和服务的需求管理(10222)</td><td>制定基准预测(10235)——需求预测
· 具有正式的、结构化的通过多渠道收集市场信息的流程。
· 为预测工作设定较高的优先级。
· 采用“过滤器”等相关技术，降低供应链中输入需求信息的“噪音”。
· 一套预测方法引导整个业务流程。
· 具有根据关键产品——客户特征进行需求预测方法划分的能力。
· 能够快速支持产品引入决策。
· 具有根据不同来源数据预测产品需求的能力。
· 市场预测技术包括市场趋势、周期市场分析、供应市场的全球能力等。
· 使用生命周期计划技术。
· 在整个渠道使用价格分析和收益管理技术。
· 用经济模型估计市场方向。
· 将供应行业信息共享给关键合作伙伴，使其了解供应市场变化趋势。
· 通过描绘需求曲线，合同规定及与关键供应商的沟通，消除需求波动。
· 根据产品数量、价值/盈利性（或者关键性）以及易变性对产品进行分类和管理</td><td>需求预测</td><td></td></tr>
<tr><td>与客户合作(10236)——市场预测
· 与渠道和客户在降价和其他库存削减技术上的合作有助于消化滞销品。
· 从客户到供应商的需求管理主要考虑的因素有：市场评价、产品计划和生产、计划调整周期、及时预测管理（适当的商业周期、产品和客户要求的提前期）、促销计划、定价优化、生命周期和/或季节性计划、短期或订单调整。
· 预测销售量的主要部分来自特定客户。
· 具有实时的供应链交易数据。
· 执行客户服务水平预测，确保服务水平符合关键客户需求。
· 预测时要合理利用下游合作伙伴的市场情报。
· 外部合作保障贸易伙伴的库存和能力在需求计划阶段被考虑在内。
· 在真实市场活动（例如，POS 数据）和需求假设与计划（以消费者为中心的产业）之间存在紧凑的反馈环</td><td>供应链促销</td><td></td></tr>
</table>

表 6-3（续）

编号	主要功能		主要技术	技术趋势
3.1.2	产品和服务的需求管理(10222)	发展共识预测(10237)——共识预测流程 · 销售运营计划为市场、销售运营和财务等分散组织搭建了连接的桥梁。 · 预测和计划被整合、分解和翻译成可以被销售、市场、财务和运营参与方理解的专业术语(例如，数量和收入预测、品牌预测、预算单位和销售区域预测)。 · 周销售运营计划会议将营销战略与运营计划连接起来，关注销售预测变化。 · 月销售运营计划包括销售、运营、财务和行政高管的参与。销售计划可以直接连接到运营能力、业务产出和财务目标上，聚焦未来 1～3 个月，兼顾未来 12 个月(根据产品生命周期及企业生命周期确定)。 · 季销售运营计划可以扩展到未来 1～3 年(根据产品生命周期及企业生命周期确定)，关注长期的基础设施计划和商业战略。 · 一个正式的共识预测过程调和预测数据的所有来源，构建模型解决冲突。 · 销售运营计划与财务预算、运营/制造计划一致。 · 跨职能团队中包含财务组，负责签署预测经费支出。 · 对供应链的驱动力和期望方向进行全风险评估		
		分配承诺可得量(10238) · 具有实时审查端到端库存的能力，以决定承诺可得量与实际可得量。 · 基于客户需求预测与客户细分分配产品承诺可得量。 · 当承诺可得量的交付扩展到供应链成员时，具有全球的承诺可得量交付能力。 · 供应链成员能够集成分配请求方法，进行系统性反应。 · 系统能够进行“消费预测”，确保预测到的消费者可以收到适当量的受限产品分配额		

表 6-3（续）

编号	主要功能		主要技术	技术趋势
3.1.2	产品和服务的需求管理(10222)	根据预测监管供需平衡(10239) · 通过供应链所有环节的系统性链接能够近乎实时地实现需求消耗的可视化。 · 预测需求消耗以日期望需求消耗量为依据进行测量，确保对需求模式变化做出最快反应。 · 事件管理和警报通知标记供需失衡。 · 促销活动涉及的需求变化与价格变化要尽早向上游反馈，使其获得充足的市场反应时间。 · 销售点数据与供应链的上游进行通信，并有足够的“过滤器”，以避免提供给上游的信息出现混淆和重复。 · 使用合作流程(内部和外部)提升关键库存单元和组件水平的预测准确性。 · 具有基于预测偏差、订单变更与市场智慧等的快速决策制定周期(每日或更短时间)	销售数据共享	供应链可视化
		评估与修订预测方法(10240)——预测过程改进 · 模式识别技术用来决定是否采用适当的预测模式和方法。 · 需求数据可以通过需求促进因素及其对预测的影响进行评估，例如事件、促销、交叉销售和其他变化。 · 先进的工具，例如网络计划/优化工具、先进计划和排程软件(APS)以及 ABC 分类法，用来优化订单履行绩效、管理运营成本。 · 高质量的数据及与公司其他数据的整合，确保使用相同的数据结构、方法和数字进行预测	(1) 网络计划/优化工具； (2) 先进计划和排程软件(APS)； (3) ABC 分类法	

表 6-3（续）

编号	主要功能		主要技术	技术趋势
3.1.2	产品和服务的需求管理(10222)	评价预测的准确性(10241) · 通过预测的准确性、偏离度和稳定性，以及与预算的吻合程度评价预测工作绩效。 · 预测量与补货前置期相匹配——例如，如果补货前置期是4周，那么周消耗量的预测则应该在需求消耗前向后预测4周的需求量。 · 在需求实现前的预测准确性评估要通过多种需求预测工具与方法进行综合评估。 · 具有通过关键库存单元、产品线/产品族、计划者、渠道伙伴等对预测准确性进行评估的能力，并具有选择最佳预测方法的能力。 · 销售激励要在已经实现的销售量与生产配额之间进行平衡，确保信息与预测执行准确性可以开放共享。 · 用库存优化绩效指标监督供应商绩效、客户服务以及持续改进的内部资产		
3.1.3	物料计划编制	无约束计划编制(10242)——无约束预测过程 · 新产品引入整合到物料需求计划中。 · 产品生命周期整合到物料需求计划过程中，尤其需要关注衰退期		供应链可视化

表 6-3（续）

编号	主要功能		主要技术	技术趋势
3.1.3	物料计划编制	与供应商和合同制造商合作（10243）——供应商合作 · 将供应商代表整合到供应链所有活动中，包括战略规划、日常运营及绩效评价。 · 与内外部供应商建立伙伴关系，提高补货速度与效率。 · 供应商能够公平地分享因合作运营改进获得的收益。 · 供应商评价要包括供应商合作能力，以及通过合作运营改进获得的竞争优势。 · 将供应商财务状况评价作为常规性工作，一旦发现供应商财务状况变差时就要形成权变计划。 · 通过联合服务协议平衡供需时，与供应商共担责任。 · 采用 CPFR 模型，加强供应伙伴的整合，具体包括： ——通过供应链联合库存可视化和产品补货实现库存联合管理 ——通过共享信息系统，在供应商和零售商之间共享信息，辅助计划编制，满足客户需求 ——持续更新库存与存货需求。 ——减少供应链的销售、库存、物流和运输方面的支出	(1) 信息共享； (2) CPFR	供应链可视化
		识别关键原料与供应商的能力（10244）——识别能力约束 · 根据客户要求识别所需资源。 · 监视供应商的能力限制及其获得关键物料的能力		
		监控物料规格（10245）——管理物料规格 · 物料规格用来管理不符合可回收性、安全性和其他事项规定的影响。 · 从供应商处得到的物料明细或规格通过在线或 EDI 进行数据收集。 · 物料内容/规格的收集与现存的建议流程相关联		

表 6-3（续）

编号	主要功能		主要技术	技术趋势
3.1.3	物料计划编制	约束性计划编制(10246)——约束性预测流程 · 每周会议要将业务战略与具体设施和能力联系起来，审查在库存货和渠道存货的效果。 · 约束性计划与目标和预算进行比较，并能够与目标和预算协调。 · 存在完整的测试计划确保在不可预知的事情发生时，产品流和服务流不被干扰。 · 由客观的第三方评价应急计划并推荐改进策略。 · 客户和供应商参与并认同应急计划		供应链可视化
		生产平衡与控制定义(10247)——生产平衡 · 自主团队可以重新分配任务以平衡生产单元或生产线。开展交叉训练，且在整个工厂进行工作平衡。 · 通过看板和节拍时间建立单件作业流程，使用单件作业流程拉动生产单元的工作。 · 节拍时间控制工艺节奏，除了标准的在制品外，在运作之间无零件的堆积。 · 生产的节奏与节拍时间吻合，结果的展示要可视化	生产节拍的控制	
3.1.4	形成与管理主生产计划(10224)	生成站点级生产计划(10247) · 需求驱动制造和延迟装配，尽可能按订单生产和装配。 · 线上排产解决平衡/需求/供给约束问题	(1) 延迟装配； (2) 按单制造	供应链可视化
		管理在制品库存(10248) · 设定标准的在制品存货水平。 · 通过信息技术（条形码、RFID 等）实时监控和跟踪在制品存货水平。 · 有为缩短存货周期而安排的大量工作	条形码、RFID 监控	
		与供应商合作(10249)——供应商支持的生产排程 · 供应商可以在线查看所供零部件的需求、存货水平以及工厂里所供零部件的积压情况	与供应商信息共享	
		制订并执行现场进度计划(10250) · 自动优化存货，并嵌入生产计划得到最优存货组合。 · 生产计划要考虑由于废品、返工和重新测试导致的时间浪费。 · 使用 ERP 最大化运营绩效（例如，订单交付率和准时交付绩效）	存货优化 ERP	

表 6-3（续）

编号	主要功能		主要技术	技术趋势
3.1.5	规划配送要求(10251)	管理配送要求 · 当预测消耗率比配置速率高或者低的时候，系统能够自动标识。配送能够通过调整出入库能力应对变化。 · 根据设计好的存货分配方案跟踪指定客户存货消耗率。 · 在途存货能够在客户期望到达的日期并根据客户的要求进行配送。 · 维持进口、国内中转中心的能力。 · 识别符合绩效和能力要求的承运人		
		再订购执行 · 基于“推式”的模式被基于“拉式”的客户补货信号替代。 · 基于对客户再订购点的支持设置供应商管理库存的存货水平。 · 基于联合认同的最小/最大再订购点设置拉式补货信号。 · 采用预警系统通知供应商存货水平达到的订购点。 · 在补货策略中考虑促销的影响，判定需求来源于促销还是常规需求。 · 基于整体运营绩效表现调整再订购点。 · 当预测的客户订单被实际的客户订单“消耗”后，在短期存货更新时将存货净剩余带入补货流程。 · 使用商务智能与分析工具，例如绩效仪表盘，特色报表，联机分析过程和统计工具，规划配送	拉式补货	
3.1.6	构建配送计划约束(10226)	建立配送中心布局约束(10267)——配送中心管理 · 存货成本、空间成本和劳动力成本在企业和供应商之间根据相互约束与能力进行优化。 · 由精益生产理念指导空间利用，以最小化物流为目的。 · 协调出入库物流时间，优化配送中心资源	精益生产理念 协调出入库物流时间	精益管理

表 6-3（续）

编号	主要功能		主要技术	技术趋势
3.1.6	构建配送计划约束(10226)	建立库存管理约束(10268)——配送中心库存管理 · 基于产品生命周期、ABC 吞吐量和关键库存单元的可变性，对库存目标与天数以周/月为周期进行审查与调整。 · 所有的存货依据活跃性、可使用、过剩、陈旧性被分类并进行适当的处理。 · 有正式的过剩与陈旧产品处理流程。使用适当的行业方法，每月跟踪存货，并逐渐减低存货数量。 · 实施售后处置技术处理过剩、不新鲜和损坏的存货。 · 每年(或更频繁)进行一次完整的 SKU 审查和合理化工作	ABC 分类	
		建立运输管理约束(10269)——运输管理 · 具有支出可视化工具支持分析运输成本，跨组织联合控制运输成本。 · 通过获取准确、及时的运输支出数据进行运输成本分析，可以帮助企业在运输价格动态变化的情况下获益并巩固与承运商的关系。 · 由第三方审查承运价格和附加费。当供应链中发生重要变化时，以年或更短的时间单位为周期修订承运合同。 · 具有全球化流程用以管理运输，其中包括货物出入、运费支付和直接的产品供应。 · 需求时间、数量和交付地点由客户决定，采用配送路线规划模型满足需求安排车辆，并在满足需求的情况下降低成本。 · 主动管理客户交付期望。 · 具有最后一公里的运输的详细计划。 · 将碳排放与合作目标需要整合到运输管理约束计划中。 · 与供应商合作建立进货运输流程，包括商业规则与供应商约束。 · 与承运人一起建立集成的出货运输管理流程	最后一公里物流计划	

表 6-3（续）

<table>
<tr><th>编号</th><th colspan="2">主要功能</th><th>主要技术</th><th>技术趋势</th></tr>
<tr><td rowspan="2">3.1.7</td><td rowspan="2">配送计划政策审查（10227）</td><td>配送网络
· 配送网络优化模型用于在保持所需服务水平的同时最小化设备、运输、劳动力和库存成本。
· 具有持续收集网络成本数据和路线数据的流程，数据能够与市场趋势和变化保持一致。
· 配送网络模型能够在非约束的情景下运行，也能够在与商业战略保持一致的情况下运行。
· 配送网络模型具有一定的自适应性，能够在并购前后运行，根据制造/外包网络、新产品生产、进入新市场或渠道的变化而调整。
· 具有能够分析特定变量敏感性的工具。
· 考虑不同的运输模式和服务水平的运输费率。
· 第三方物流、运营商和供应商是综合配送网络规划的一部分</td><td>配送网络优化</td><td></td></tr>
<tr><td>策略部署
· 通过 EDI 等方式供应链信息可以实时地、自动地在供应链成员之间进行交换。
· 通过联合服务协议供应商分担平衡供给与需求的责任。
· 采用同步“拉动”控制技术使整个供应链的成本和交货期最小化。
· 预先的需求管理政策用于平衡客户服务水平和成本，并将库存成本降至最低。
· 第三方物流和运营商能够参与制定控制对策和技术</td><td>（1）EDI；
（2）拉式生产</td><td>精益管理</td></tr>
<tr><td>3.1.8</td><td>评价配送计划的绩效（10228）</td><td>配送计划的绩效
· 仓储数据传送给所有合适的合作伙伴。
· 使用数据评价客户服务的真实成本，以帮助更好地定价，制定更合适的客户服务策略。
· 对行业和跨行业配送中心关键绩效指标的典范标杆进行学习。
· 仓库管理员可以不依赖 IT 组织，而采用适当的仓储管理分析技术创建报告、仪表盘，执行特定分析。
· 可以对第三方物流和承运商在运营状态、成本、存货可得性和处理周期方面提供适当的可视性</td><td>标杆管理</td><td></td></tr>
</table>

表 6-3（续）

编号	主要功能		主要技术	技术趋势
3.1.8	评价配送计划的绩效(10228)	配送服务供应商的绩效 • 核心配送服务供应商认同收益共享的合作模式，会通过持续改进降低成本。 • 配送服务供应商承诺最小生产率，并有超过目标后的可行的收益共享分配方案。 • 鼓励配送服务供应商积极参与合作，共同开发新的和支撑性的供应流程。 • 在组织合作性会议时评价配送服务供应商绩效	收益共享 配送服务供应商早期参与	
3.1.9	开发质量标准和程序(10368)	建立质量目标(10371)——质量部署 • 重点是预防、提高和过程有效性。 • 具有完成并准时交付无缺陷产品/组件的目标。 • 供应商质量评级与绩效挂钩。 • 供应商绩效指标满足所有权下的总成本模型。 • 全面质量管理思想深入管理的各个环节。 • 管理层以明显的声音领导或发起质量计划、纠正措施评审、度量/测量计划和改进计划。 • 管理层密切审查当前和历史的质量指标、数据和过程，并用以说明质量政策的执行情况。 • 关注能够获利的卓越绩效，问题预防的行为，关注提升客户满意度/忠诚度的行为	准时交付； 全面质量管理	
		形成质量标准测试过程(10372) • 质量管控过程由运营团队和负责质量改善的工作人员负责。 • 具有强有力的内部评价、审计和核实流程。 • 由第三方核查质量管理绩效与结果。 • 经常检查、改进与质量相关的总成本。 • 具有持续改进的正式流程。 • 因为质量问题，任何人都可以让生产线停止		
		沟通质量规范(10373)——供应商质量规范 • 产品质量要求与规格建立的过程是一个与供应链成员充分合作的过程。 • 与供应商合作建立产品质量要求与工艺，保证零缺陷。 • 在产品离开供应商设施之前，供应商承担质量保证责任，以促进对接库存产品的流动	供应商参与	

表 6-3（续）

编号	主要功能		主要技术	技术趋势
3.2	物料/服务获取(10216)			
3.2.1	采购策略开发(10277)	形成采购计划(10281)——采购策略 · 在产品/服务开发阶段，使用自动采购方法和计划模型评估备选方案。 · 市场情报和供应商关键评估用于确定最有效的采购策略。 · 高级管理者制定采购策略。 · 创建采购信息系统。 · 基于精益、零库存、准时制、使用点交付和看板补货的原则建立供应商伙伴关系。 · 大部分采购业务通过线上交易完成。 · 具有与供应商共担保修成本的项目	供应商伙伴关系	供应链可视化
		形成采购计划(10281)——执行采购 · 所有原材料/直接材料和组件的采购活动都能协调一致，所有供给物品的维护、维修和运营都能最大限度地利用协同效应来提高供应商绩效。 · 内部业务单位分工合作，以实现最大的杠杆作业和最优的产出。 · 跨职能团队包括关键内/外部客户，并能确保产出。 · 通过与外部市场和合作网络的竞争与合作关系充分发挥规模经济和协同经济效应	跨职能团队	
		形成采购计划(10281)——供应商整合计划 · 识别每个采购品项的主要供应商及具有相似实力的备选供应商。 · 识别零部件的后备供应源，对后备供应源具有定性和定量的判断。 · 地理位置是供应商整合的考虑因素。 · 采用风险评估和应急计划规避供应链中断或降低供应链中断的风险及损失，包括评估供应商的财务稳定性以及供应商的原材料获得性。 · 在采购计划和供应商整合计划中供应链的安全是考虑的关键要素。 · 供应商整合计划要考虑供应商支持复杂数据信息共享技术的能力	(1) 主要供应商识别； (2) 供应链风险评估	

表 6-3（续）

编号	主要功能		主要技术	技术趋势
3.2.1	采购策略开发（10277）	明确采购需求(10282)——采购职能的有效性 · 买方专注于采购策略,参与到产品和工艺的引入和修订中。 · 买方参与上游产品创新、新产品开发和服务设计	参与产品的创新与开发	供应链可视化
		制定库存策略(10283) · 缓冲库存管理是供应链库存集成优化的重要组成部分。 · 根据顾客和产品的 ABC 分析调整目标存货水平。基于前置期、可得性、供给与需求的变动性等因素,设定适当的存货水平。 · 库存绩效从收益(销售额和利润)和数量(SKU)两个维度进行评价。 · 库存管理应以供应链层面库存管理绩效提升为总目标。 · 在每个阶段的每单位存货所有者是唯一的。 · 供应商管理库存,具体包括存货计划制订、执行补货与平衡供需,也包括与选定的供应商和客户共享预测/需求数据。 · 适当采用寄售方式以降低资产占用数量和周转时间,同时提高关键产品的可得性,提高供应商管理库存的效率。 · 采用 CPFR 增加供应链的可视性、提高补货效率、缓解牛鞭效应。 · 采用 RFID 技术提高供应商管理库存的可视性	(1) 基于顾客——产品 ABC 分析; (2) 供应商管理库存; (3) 寄售	
		需求与供应能力的匹配(10284)——供应商能力 · 供应商联合服务协议定义了在规定的交货期内和商定的条件下资源获得的灵活性或优势		
		分析公司的支出情况(10285)——支出分析 · 用供应链总成本分析优化采购过程相关总成本。 · 在总成本削减计划中全面分析总成本和供应商成本的影响,包括单位成本、盈亏平衡点和前置期的变动性。 · 在采购决策中考虑供应商服务对成本的影响,包括寄售和供应商管理库存等。 · 执行调整产出单位的成本分析和基于价格的比较。 · 总体生产率用总变动成本、总固定成本和总成本表示	供应链总成本优化	

表 6-3（续）

编号	主要功能		主要技术	技术趋势
3.2.1	采购策略开发(10277)	寻求提升效率和价值的机会(10286)——供应商改进 · 采用供应商改善计划提升供应商绩效或者增加高质量供应商的数量。 · 有效的供应商联合改善方案可以系统地提升产品/服务的附加价值。 · 强调降低成本而非单纯为了获得最低价格的原料。 · 所有关键供应商对客户的满意和忠诚联合负责。 · 通过供应商对工艺创新的贡献评价与供应商关系的有效性。 · 具有供应商访问计划和供应商结构性改善计划，促进与供应商积极沟通改善性意见		供应链可视化
		与供应商合作发现采购的机会(10287)——供应商参与 · 与供应商自由交换意见与想法，积极发现新的、可替代的资源和服务。 · 认同供应商的专业知识，并给予适当的奖励。 · 供应商参与新产品/服务开发，并能够早期识别需要供应的原材料或零部件。 · 供应商委员会帮助进行工艺改善，并联合开发工艺绩效指标。 · 具有常驻现场的供应商提供专业服务。 · 根据供应商对整个业务的重要性对其进行管理。 · CEO 和 CFO 参与供应商战略联盟活动	(1) 供应商建立合作关系； (2) 供应商参与新产品的开发	
3.2.2	供应商选择与发展(10278)	供应商选择标准与流程(10288) · 供应商选择标准的设定依赖于企业的价值标准，例如质量、安全、财务稳定性、风险和创新等。 · 供应商选择的过程应该考虑组织当前和未来所有层面的竞争优势。 · 向潜在供应商提供企业的供应商选择标准，供应商对标准的理解是供应商认证和供应商绩效持续改进的基础。 · 需要持续不断地利用合适的后备供应商优化供应商体系	(1) 建立供应商选择标准； (2) 优化供应商	

表 6-3（续）

编号	主要功能		主要技术	技术趋势
3.2.2	供应商选择与发展（10278）	供应商认证与审核（10289） · 制订供应商资格认证计划，包括认证和持续测评。 · 在供应商处实施供应商认证过程。 · 供应商认证过程需要跨职能团队参与。 · 关键供应商必须获得全面认证，并接受定期评估程序。 · 对战略供应商采取预测性绩效评分，分值是开发供应策略的一部分。 · 利用先进的技术工具，根据供应商的财务绩效和运营数据提前发现潜在的供应问题	跨职能团队参与供应商认证与审核	
		合同谈判（10290） · 基于采购总成本和共享改进收益的权益总成本，与战略供应商订立合约。 · 合同中包含关键指标的绩效标准。 · 合同谈判中使用具有标记和交换功能的电子文件。 · 与战略供应商共享收益	合同中包含关键绩效标准	
		合同管理（10291） · 采用标准合同，保证一致性、加快签约速度。 · 年度或者跨年度的采购协议要归到“计划采购订单”中，允许供应商共担风险，也允许采购主计划具有可预见性	采用标准合同	
3.2.3	物料和服务订购（10279）	采购过程/评审（10292） · 使用线上采购订单审核处理系统。 · 依据消耗率确定补货率，采用信息技术实现自动采购。 · 与供应商共享生产计划、物料资源需求计划和维护计划，提高补货准确性。 · 技术上的投资可以实现直接从需求生成电子采购单	与供应商共享计划	供应链可视化
		采购申请授权（10293） · 根据系统定义的参数（业务规则）进行采购授权。 · 自动授权给预先确定的人员和支出水平		

表 6-3（续）

编号	主要功能		主要技术	技术趋势
3.2.3	物料和服务订购(10279)	征集/跟踪供应商报价(10294) · 用总采购成本和所有者权益模型评价报价。 · 主数据库记录所有关于供应商和关键库存单元的通用物料清单品项的报价、前置期、成本等信息	建立供应商数据库	供应链可视化
		创建与分配采购订单(10295) · 采购者可以看到供应商类别和标准价格。 · 物料需求计划传递给高质量供应商，预先确定从每个供应商采购的比例。 · 区分战略采购与重复性采购，前者关注资源获取，后者关注物料采购	区分战略采购与重复性采购	
		订单加急与需求满足(10296) · 具有减少/消除订单加急的措施。 · 跟踪供应商导致的延迟，并将之纳入供应商评价中。买方导致的延迟也应该跟踪并予以解决	跟踪订单延迟，优化采购流程	
		收货记录(10297) · 采用预先发货清单和跟踪系统，实时查询收货记录		
		研究/解决异常情况(10298) · 可以跟踪收货错误路径、查看退单规定，识别错误并与供应商一起启动纠正措施。 · 关键供应商绩效指标包括交付绩效、破损、运输的完整性	供应商绩效指标评价	
3.2.4	供应商评价与开发(10280)	监视/管理供应商信息(10299)——供应商信息管理 · 将所有供应商数据和属性储存到数据库中，可以通过访问数据库获得供应商信息。 · 供应商信息包括可灵活设置的属性、系统业务规则和数据格式。 · 供应商数据库可以保障在采购订单输入过程中供应商数据的准确性。 · 供应商的数据录入可以自我校验，潜在错误可以被标识出来。 · 供应商信息的标准符合国家标准、行业标准要求	供应商信息数据库	供应链可视化

表 6-3（续）

编号	主要功能		主要技术	技术趋势
3.2.4	供应商评价与开发（10280）	采购准备/分析和供应商绩效（10300）——供应商绩效评价 · 供应商的改善意愿及其与企业发展速度的匹配性是衡量高质量供应商的重要指标。 · 基于采购总成本和总服务水平，供应商进行自我评估。 · 季度业务评估关注改善双方潜在的合作机会。 · 与供应商共同定义采购绩效评价指标，增加关键绩效指标的权重。 · 实时更新并查询绩效指标情况。 · 监督供应商交付质量、反应性和竞争力。 · 与现场供应商一起管理生产，推动零缺陷生产。 · 发货增加或减少的原因将作为流程改进的着力点。 · 高质量供应商认同并争取收益共享式合作方式。 · 启动供应商改善计划，尤其是在供应商的绩效低于可容忍的绩效时。 · 可以在线获得供应商的实时绩效数据。 · 供应商对质量保证效果承担全部责任，并负责有效性、准确性、可靠性绩效	（1）绩效评价指标涉及成本与服务水平； （2）指标结果明确； （3）供应商改善计划	供应链可视化
		采购准备/分析和供应商绩效（10300）——供应商审计 · 为了保证供应商审计工作的有效性，管理层要跟进所有审计计划。 · 聘请第三方审计机构，按优先顺序、有计划地评估供应商的运营能力。 · 存在一个结构化流程，用于定期验证供应商审计结果、审计流程和审计工具。 · 供应商审计结果用于制订纠偏计划，并对计划执行的过程进行监督和管理	（1）利用第三方审计机构； （2）管理层需跟进审计的过程	
		采购准备/分析和供应商绩效（10300）——采购绩效评价 · 供应链事件管理技术为在线获取信息和改善建议提供决策指导		
		供应商库存支持与生产流程（10301） · 开发供应商能在供应链或价值链中发挥关键作用。 · 供应商管理库存模型能够有效应用。 · 供应商在生产线旁交付是实施 JIT 的一种方法	（1）供应商管理库存； （2）JIT	

表 6-3（续）

<table>
<tr><th>编号</th><th colspan="2">主要功能</th><th>主要技术</th><th>技术趋势</th></tr>
<tr><td>3.2.4</td><td>供应商评价与开发(10280)</td><td>监督交付产品的质量(10302)
· 供应商审计系统采用标准的审计问题与技术。
· 能够跟踪交付的准时性及交付产品/服务的质量，这些数据可以用于供应商评价。
· 跟踪供应商的纠正措施，要求的绩效包括：问题是否被解决，解决问题的时间期限，是否建立预防性流程。
· 供应商与客户参与到产品/服务质量改善过程中</td><td>供应商审计</td><td>供应链可视化</td></tr>
<tr><td>3.3</td><td colspan="2">产品生产与交付(10218)</td><td></td><td></td></tr>
<tr><td rowspan="2">3.3.1</td><td rowspan="2">生产排程(10303)</td><td>生产排程
· 周期是标准化的，等于或略小于节拍时间。
· 聚焦于准时、全面、无例外的产品交付。
· 采用自动化排程技术缩短计划周期并消除错误。
· 使用考虑容量限制的多梯队系统。
· 生产计划和调度解决方案要考虑实时约束，包括瓶颈、材料和劳动力。
· 集成企业资源规划（ERP）、制造执行系统（MES），通过应用高级计划和调度（APS）技术消除瓶颈并整合精益制造——在简化物流的同时实现生产与需求同步。
· 自动从供应商、客户和车间收集汇总数据，支持排产</td><td>客户细分</td><td></td></tr>
<tr><td>发布生产计划
· 自动调整批量（根据节拍时间进行优化）。
· 具有集成的、自我管理/优先排序的系统（例如看板）。
· 具有标准流程连续发布订单与批量（或波次）。
· 采用小批量生产</td><td></td><td></td></tr>
<tr><td rowspan="2">3.3.2</td><td rowspan="2">产品生产(10304)</td><td>管理原材料库存(10310)
· 精益六西格玛原则应用于制造过程，以推动更快的客户订单履行，同时减少满足客户需求所需的库存</td><td rowspan="2">自动化劳动力排程</td><td rowspan="2"></td></tr>
<tr><td>执行生产线计划(10311)
· 由客户订单、客户优先级/细分、利润考虑、生产能力和材料可用性驱动动态再调度。
· 跨职能工作团队构成组织，以增加调度的灵活性。
· 员工有权管理例外情况</td></tr>
</table>

表 6-3（续）

编号	主要功能		主要技术	技术趋势
3.3.2	产品生产(10304)	缺陷产品退回(10313) · 发生物料缺陷时启动供应商纠正措施。 · 跟踪供应商退货并告知退货原因，退货与供应商绩效相关联。 · 除产品成本外，还跟踪并从供应商处收回运输成本、信贷和退货处理成本	自动化劳动力排程	
		生产绩效评价(10314)——生产绩效管理 · 在跨企业的生产点和供应链合作伙伴间存在全球生产标准和定义。 · 自主绩效改善团队使用绩效指标主动识别并实施改进机会。 · 关键措施可见（张贴在工作区域并广泛传播）并以卓越为目标。专注于客户增值，并符合客户和公司的目的与目标。 · 奖励和报酬与生产绩效挂钩。 · 实时评价与跟踪绩效。 · 顶级装配可以追溯到所使用的单个组件，以及操作员和工作站。 · 企业资源规划(ERP)和/或仓库管理系统(WMS)工具用于管理运营成本		
		生产绩效评价(10314)——生产过程控制 · 采取先进的统计过程控制(SPC)措施。 · SPC 工具（运行图、直方图、图形等）用于减少变化并确定主要改进项目。 · 将 SPC 的使用情况列为例行检查项目，并不断改进。 · 将 SPC 分析结果反馈到工艺设计中。 · 审核生产流程以确定流程或实践的变化。 · 建立生产流程以使设备能够区分质量缺陷		

表 6-3（续）

编号	主要功能		主要技术	技术趋势
3.3.3	排产计划与绩效维持(10305)	预防性维护确定流程(10315) • 存在经过研究的预防性维护(PM)计划。 • 采用信息技术的自动维护管理并将其用于优化员工生产力，根据平均无故障工作时间(MTBF)降低维护成本和停机时间。 • 操作员参与设计审查、实际实施纠偏措施。 • 资产管理数据用于分析、预测、计划和安排维护活动。 • 资产管理系统集成预测性故障分析数据。 • 整个企业明确资产管理和维护策略的执行组织与发起组织		
		计划外维护的确定流程(10316) • 及时修复问题，并报告与跟踪问题。 • 根据需要更改维护计划以减少计划外维护		
		维护执行(10317) • “5S”是常规管理的一部分，维护流程被记录并被标准化。 • 预防性维护措施与纠正性维护措施的比率超过 90% 并且逐渐增加。 • 每日/每周预防性维护由操作员根据设备状态提示进行自动维护。 • 维护“专家”只参与复杂和/或重大的维护工作		
		设备校准测试(10318) • 生产过程捕获设备在制造期间的测试情况，用于跟踪产品/单元级别的设备运行情况。 • 采用行业校准标准和方法进行设备校准		
		报告维护问题(10319) • 具有用于识别故障模式和可能问题的有效的固定流程，可以防止大多数重大问题的发生或再发生。 • 完整分析所有异常情况的根本原因，包括“5 个为什么”。 • 实施和验证解决污垢和污染问题的措施，并展示过去 12 个月的改进。 • 内部设备核查的结果用于推动预防措施		

表 6-3（续）

编号	主要功能		主要技术	技术趋势
3.3.4	执行质量检测（10369）	· 使因损坏或不合格产品问题而造成任何损失降到最小。 · 进货产品基于统计要求的既定质量控制/质量保证程序进行检查		
3.3.5	批量可追溯性管理（10370）	· 系统符合行业要求。具有对单个产品和服务状态从原材料到产成品的完全可追溯性。 · 在收货过程中接收进货批次的电子信息。 · 在实物产品上具有机器可读的批次信息。 · 持续改进团队专注于产品和流程的可追溯性		
3.4	客户服务			
3.4.1	服务提供（10322）	· 整合服务渠道为客户提供一致性的服务体验。 · 服务提供方合作提供客户服务实现价值增值。 · 具有事前监督制度保障客户服务标准化。 · 服务交付能在组织间进行无缝衔接。 · 现场人员调度、服务能力和服务库存实时可见。 · 现场技术工人和服务管理团队紧密协作。 · 服务提供方合作开展客户满意度调查与跟踪	技术人员与服务管理团队的合作	
3.4.2	确保服务质量（10323）	客户导向 · 关注客户满意度、客户忠诚度与客户承诺。 · 管理层根据客户忠诚度和投诉信息发起改善行动。 · 客户优先级有助于引导客户的积极行为。 · 明确客户忠诚度和承诺，其重要程度等同于企业的盈利能力。 · 采用适当的统计工具分析客户忠诚度与投诉。 · 发现并改进影响客户积极行为的因素	关注客户忠诚度与客户承诺	
3.4.2	确保服务质量（10323）	客户交付的反馈 · 经常对关键客户进行深度访谈。 · 按照客户要求的频率衡量关键绩效指标。 · 聘请第三方机构使用高反馈率的技术对客户满意度/忠诚度进行统计调查。 · 制订客户满意度改善计划。 · 所有员工都清楚自己在提升客户满意度中的作用	由第三方机构进行客户满意度/忠诚度调查	

表 6-3（续）

编号	主要功能		主要技术	技术趋势
3.4.2	确保服务质量（10323）	处理客户反馈 · 具有提升客户忠诚度的技术与对策。 · 客户满意/忠诚的指标存在相关数据库中，可以进行相关指标的分析。 · 定期对客户咨询中涉及的技术进行评估。 · 开发集成战略时要考虑客户关系管理系统。 · 客户把企业视为“可选择的供应商”		
3.5	物流与仓储管理（10219）			
3.5.1	物流策略（10338）	将客户服务需求转变为物流需求（10343）——以客户为中心 · 物流策略与物流网络设计以满足关键客户需求为准则。 · 物流服务过程反映客户和公司的期望，同时支持诸如信息、现金流、可追溯性要求、文档控制和法规等方面的需求实现。 · 邀请第三方企业调研客户对物流服务的期望。 · 使用本行业中的竞争性客户服务基准满足客户的物流服务需求。 · 通过客户深度访谈确定其物流服务期望、改进领域和新兴的服务措施，是对客户和产品线盈利能力的审查。 · 与客户的合作确定更有效的方式减少运输过程中的碳排放，包括调整交货时间、最大化交货时间窗、与承运人合作以降低各方成本。 · 降低损耗的措施包括但不限于减少包装、重复使用和废旧物资的处置与回收。 · 将物流服务过程信息准确地与其他部门共享，例如运输状态、成本，让客户可以跟踪订单的物流状态。 · 根据客户满意度和投诉数据设定各项物流服务改进活动的优先级。 · 通过 CPFR 会议审查物流需求	（1）了解关键客户的需求； （2）通过第三方调研客户需求； （3）客户访谈； （4）降低运输成本； （5）掌握客户满意度和投诉数据	

表 6-3（续）

编号	主要功能		主要技术	技术趋势
3.5.1	物流策略（10338）	将客户服务需求转变为物流需求（10343）——企业社会责任 · 与物流合作伙伴共建绩效指标，并在企业社会责任目标中进行体现。 · 基于投资回报收益或成本节约，提出与企业业务相关的能源解决方案。 · 依据行业标准改善产品与服务，进而改善空气与水的质量，降低能源消耗。 · 供应商在包装、优化运输路线方面尽量减少土地占用	(1) 注重企业社会责任的表现； (2) 构建风险管理框架	
		将客户服务需求转变为物流需求（10343）——碳足迹/能源消耗 · 参与到智慧网络、碳交易、能源分配战略中，将碳达峰、碳中和考虑到新产品设计中。 · 基于投资回报，评价设施、设备和能源的升级改造计划。 · 关注重要产品的碳足迹变化，尽量降低不可重复利用的组件和包装的仓储、配送与消耗	(1) 发展绿色物流； (2) 减少碳排放和能源消耗	
		将客户服务需求转变为物流需求（10343）——包装 · 与包装提供商合作，选用可重复使用、可回收的包装材料与包装设计，减少碳足迹。 · 在包装设计中考虑客户的处置和回收过程。 · 使用跟踪技术定位托盘、集装箱，以便快速回收可重复使用的包装。 · 包装设计与配送计划和设施设计相联系，以减少产品碳足迹。 · 构建数学模型，优化空间利用率与拣货效率	(1) 发展绿色包装； (2) 包装可回收和重复使用； (3) 使用跟踪技术对包装箱进行定位回收	
		将客户服务需求转变为物流需求（10343）——建筑物/仓库 · 采用基于投资回报率的替代能源技术。 · 优化仓储空间利用率，最大化能源利用率。 · 优化场站布局，最大化货物进出能力，降低拥堵，满足客户对交付时间的要求。 · 评估集装箱/托盘的使用效率，形成高效的存储与拣货作业	提高仓库和场站的利用率	

表 6-3（续）

<table>
<tr><th>编号</th><th colspan="2">主要功能</th><th>主要技术</th><th>技术趋势</th></tr>
<tr><td rowspan="3">3.5.1</td><td rowspan="3">物流策略(10338)</td><td>物流网络设计(10344)——网络设计过程
· 自动化技术是物流策略的一部分。
· 在运输策略中考虑设施的能源消耗与废品管理。
· 选择服务提供方要考虑市场风险因素，例如地理因素、贸易伙伴的行为准则等。
· 利用商业分析技术定期对供应链进行建模、分析与优化。
· 对供应链流程进行建模、分析与优化，包括严格测试所有数据、变量和约束条件的基准值，随后进行 2～5 年的策略分析。
· 采用“如果—什么”的模式对影响因素进行敏感性分析。每季度进行绩效审查，并根据影响因素调整供应链模型，例如能源成本。
· 网络设计与新产品、新渠道、网络临时失衡、供应失误和风险管理的决策支持能力相联系。
· 客户参与物流网络设计</td><td>使用自动化技术，建立供应链模型</td><td></td></tr>
<tr><td>物流网络设计(10344)——网络优化
· 供应链网络设计模型辅助决策可替代性资源、供应商仓库选址、配送点与配送量、库存策略、运输策略与运输方式。
· 供应链网络设计综合考虑成本、顾客服务、运输方式、温室气体排放、风险和柔性等关键要素。
· 供应链网络设计由经验丰富的专家构成，他们完全理解企业的业务流程和工具。
· 在并购、新产品发布、供应商变更、客户大量增加或减少、市场或分销渠道进入或退出、重大供应链事件、成本因素发生变化时，能够快速完成网络的设计与优化</td><td>供应链网络优化</td><td></td></tr>
<tr><td>外包沟通(10345)——第三方物流支持
· 根据公司的目标、能力和物流战略，定期评估和选择特定物流活动外包。
· 外包服务商参与到预测和计划制订过程中。
· 物流合同以结果为导向，明确各方的风险和回报。
· 外包决策要评价企业内部流程，明确是否有外部转内包的机会</td><td>(1) 外包决策分析与评价；
(2) 物流合同需明确各方的风险与回报</td><td></td></tr>
</table>

表 6-3（续）

编号	主要功能		主要技术	技术趋势
3.5.1	物流策略（10338）	制定并维护送货服务策略（10346）——物流服务水平策略 · 根据客户需求进行内外部物流服务交互。 · 物流服务以客户为中心，根据绩效目标监控物流过程。 · 将物流服务水平整合到销售与运营过程中。 · 第三方应积极推行节约成本计划和减少浪费计划	(1) 以客户为中心； (2) 第三方应主动采取措施提高物流效率	
		优化运输计划和成本（10347）——运输计划 · 与供应商和客户协调规划运输线路、选择承运人。 · 集合企业所有运输业务，通过增加装运规模、回程运输、连续移动、处置和回收等产生规模经济，降低单位运输成本。 · 优化过程中考虑的关键因素包括：成本、质量、承运人绩效、拥堵因素、数量、温室气体排放量等。 · 通过合作伙伴提升计划优化运输管理成本与质量。 · 跟踪各种运输方式的货运费率，适时调整运输方案	(1) 利用规模经济效应； (2) 跟踪货运费率变化	
		优化运输计划和成本（10347）——运输计划支持 · 利用自动运输路径和调度优化技术，动态规划出入库货物。 · 使用 TMS 制订运输计划，管理计划执行过程。 · 预测每年及每季的货运量，用以选择承运商，确保设备能力，降低承运人的运营费用。 · 惩罚没有按照优化路线作业或没有按照交付承诺作业的供应商和承运人，或根据合同向其索赔。 · 对关键承运人在交付时间等方面的承诺绩效与实际绩效进行定期评价	(1) TMS 的应用； (2) 运量预测	

表 6-3（续）

编号	主要功能		主要技术	技术趋势
3.5.1	物流策略（10338）	定义关键绩效指标(10348)——建立物流关键绩效指标 · 积极参与物流行业联盟的绩效标准开发，将行业绩效指标移植到企业中。 · 稳定的/完整的绩效指标包含上下游伙伴。 · 与客户共同负责定期审查和改进物流服务质量和成本。 · 能够获得详细的物流活动信息及其相关成本信息，并能够对单个活动进行管理。 · 所有业务的季度/年度评价都应邀请客户代表参加。 · 跟踪并改进关键绩效指标。 · 关键的跨职能物流绩效指标整合到财务中，并对股东进行汇报。 · 衡量物流对关键客户销售增长的影响情况，调整物流成本与服务水平	物流 KPI 设置	
3.5.2	输入物流计划（10339）	输入物流计划(10349)——输入物流通知 · 所有供应商都采用标准界面，自动显示发货通知。 · 能够在分散的 IT 系统之间实现实时数据交换。 · 具有测量物流输入数据质量、准时性和完整性的绩效指标。 · 采用运输管理系统(TMS)管理物流计划输入。 · 将基于 GPS 的跟踪应用整合到预先发货通知系统(ASN)中，提供实时的发货数据	ASN、TMS 的使用，做好输入物流	

表 6-3（续）

编号	主要功能		主要技术	技术趋势
3.5.2	输入物流计划(10339)	输入物流计划(10349)——入库运输计划 · 承运商可以获得可交互的入库计划方案，预约交付、检查场站门的可用性，减少交付等待时间。 · ASN实时更新交付数据，信息整合到TMS中，能够动态安排劳动力和装载能力。 · 场站管理系统(YMS)使用ASN安排进站与卸货作业。 · YMS的允许跟踪定位和拖车的寿命，可以进行基于需求的装卸货优先级安排。 · 通知承运商或司机时间变更的过程可以被监控，承运商或司机及时得到时间变更的通知可以减少等待时间、温室气体的排放以及附加费用，进而改善合作成员的满意度并降低成本，减少碳排放。 · 零售商的ASN信息可以根据变化的需求模式重新配送产品。 · 供应链时间管理促使企业对延迟交付做出快速反应。 · 应用条形码射频、远程数据终端和无线射频识别技术改善进货物流的可视性	(1) 实时更新ASN数据； (2) 使用TMS； (3) RF、RFID等技术的应用实现物流的可视性	
		管理进货物流(10350)——管理进货计划 · 直接入库的交付项目不包含在按订单生产中。 · 直接到生产线的交付发生在使用转换中。 · 交付单位按照预期使用顺序设置物流设备的使用顺序。 · 通过审核的供应商将货物运输到交付点，与生产同步，以最小化库存和搬运工作量。 · 通过拼箱减少零担集装箱的数量。 · 从供应商到客户的交付过程中适当使用租赁托盘、可重复使用或可回收托盘以及集装箱。 · 供应商的物流安排符合企业流程，同步降低双方的物流成本。 · 分类计价进货货物，决策进货路线	(1) 运输与生产同步，降低库存； (2) 托盘循环共用	

表 6-3（续）

编号	主要功能		主要技术	技术趋势
3.5.2	输入物流计划(10339)	管理进货物流(10350)——仓库管理系统 · 采用仓库管理系统(WMS)或自动物料搬运系统(MHS)。 · WMS 完全整合到其他业务系统中，例如 ERP、MHS、TMS 等系统中。 · WMS 支持价值增值服务与延迟交付。 · WMS 支持基于活动的成本管理。 · 动态位置分配包括批量控制、序列号控制、ABC 获得频率、越库到在制品生产或者看板。 · 储位优化与拣货线路优化有条形码、射频远程数据终端(RDTs)、语音或拣货光线、ARS(高级侦查卫星)系统等技术的支持。 · 通过 RFID 或基于跟踪的其他信息系统跟踪高敏感货物在关键区域的移动。 · 评估仓库绩效，并用来改进储位布局、拣货方法和库存安排等。 · WMS 能够动态地优化储位以便于优化拣货、分拣区域的补货效率、提升空间利用率	WMS 等信息技术的应用	
		监督进货交付绩效(10351)——监督进货绩效 · 进货运输绩效标准与时间要求告知进货和出货承运商。 · 系统可对迟到的运输重新分配资源。 · 与承运商合作提供实时的运输数据查询，将运输数据整合到相关物流系统中。 · 基于绩效数据推动内部绩效改善计划。 · 评价合作伙伴的计划绩效与实际绩效，将异常情况通知对方。 · 通过对每批货物重新评级确定首选承运人与使用不同承运人的成本差异，从而量化不合规成本。 · 具有与承运人联合管理流程的能力。 · 在季度业务总结中评价承运人的商业条件与绩效，例如计划装载、搬运时间和实际装载、搬运时间的对比	需求预测	

表 6-3（续）

编号	主要功能		主要技术	技术趋势
3.5.2	输入物流计划(10339)	管理退货物流(10352)——退货计划 · 使用需求计划系统预测退货与可使用的组件。 · 与退货承运伙伴联合制订计划。 · 在处理退货方面预留充足的能力。 · 用缺陷分析修改计划。 · 订单管理系统根据未来需求和当前库存水平确定退货地点。 · 物料的修复价值以原价值的百分比表示。 · 物流、营销、制造和客户服务满足供应链伙伴的需求，以改进逆向物流	逆向物流的管理	
		管理退货物流(10352)——退货的系统整合 · 将退货管理设计为一个整合订单管理、收货和财务的过程。 · 具有处理退货的运输管理程序，承运人和服务提供商认可该程序。 · 采用识别与跟踪技术授权退货管理	(1) 退货物流系统的整合；(2) 采用条码、RFID 等技术。	
3.5.3	仓库运营(10340)	跟踪库存部署(10353)——库存部署计划 · 采用动态仿真方法优化仓储储位，基于劳动力、成本、空间与时间的优化形成拣货需求。 · 具有完整的库位编码和产品编码，采用 RFID 技术，通过产品批量和序列号跟踪运输。 · 使用基于行业的跟踪方法，完整记录跟踪过程。 · 库存完全可见、可控制。 · 库存与订单管理系统交互便于越库作业和/或运输途中集货作业	产品的跟踪定位	

表 6-3（续）

编号	主要功能		主要技术	技术趋势
3.5.3	仓库运营（10340）	接收、检查和存储进货交付（10354）——接收 · 采用预先收货通知系统与预先储位优化加速货物接收过程。 · 卸货与检验职能整合增加对收货准确性的控制，消除不必要的劳动时间。 · 根据 ASN 扫描验证产品条形码，确保收到真实的产品。 · 条形码和 RFID 标签用于识别入库物料，产品编码符合行业特定标签编码要求。 · 自动定向收货和拣货（DPP）系统基于库存策略，例如先进先出，先进后出，先到期先出，产品周转速度或其他存储需求，指导储位分配。 · 与第三方物流和/或承运商的联合提供实时的进货数据，用来推动进货绩效的改善。 · 收到货物时，告知所有收货信息并将之增加到可用存货中。 · 收货过程支持自动化、无纸化作业。 · 产品条形码或 RFID 码支持货物跟踪功能	（1）提高装卸作业效率； （2）无纸化作业	
		接收、检查和存储进货交付（10354）——检查 · 通过双重扫描检查、监督、报告和控制运输错误。 · 不合格的产品应该在 48 小时内通知供应商实施保修或退货政策		
		接收、检查和存储进货交付（10354）——越库作业 · 系统识别、报警即时订单要求、基于收货产生的越库作业或即时的补货任务	自动识别并报警	
		接收、检查和存储进货交付（10354）——物料搬运 · 灵活有效地进行物料自动化搬运。 · 每年对外包托盘管理公司进行一次评估。 · 在存储区与拣货区使用半自动或自动化搬运设备	提高搬运效率	

表 6-3（续）

<table>
<tr><th>编号</th><th colspan="2">主要功能</th><th>主要技术</th><th>技术趋势</th></tr>
<tr><td rowspan="3">3.5.3</td><td rowspan="3">仓库
运营
（10340）</td><td>接收、检查和存储进货交付（10354）——存储
· 存储系统设计良好，对当前存储类型进行季度评估。
· 适当使用自动存储与检索系统。
· 储位分配只允许每个储位有一个 SKU。
· 如果允许一个 SKU 存在于多个位置，则在仓库管理系统中，所有位置都用数量单独标识。
· 关键物品要存储在安全区域。
· 较少发生损失、损坏以及不合规的情况。
· 存在与仓库管理系统相连的全自动系统，能够对物品进行全面检查、保护及综合分类。
· 可以由第三方更新库存变化</td><td>储位分配优化</td><td></td></tr>
<tr><td>接收、检查和存储进货交付（10354）——储位优化
· 设计存储系统最大化空间利用率，同时保证有效的存放与补货作业。
· 储位分配可以是手动的，也可以根据用户自定义规则进行自动分配。
· 储位优化的原则是邻近最优拣货位、速度、存储特征、产品兼容性和空间利用率。
· 拣货区域的储位优化是基于产品的拣货速度、订单特征、存储特征、空间利用率、产品兼容性和拣货区域的补货成本。
· 配置标准化的箱子与托盘，符合自动设备和拣货存储系统的使用要求。
· 每月进行一次储位分配合理性的评价，在有些情况下可以动态评价，提前为季节波动做准备</td><td>空间利用率优化</td><td></td></tr>
<tr><td>跟踪产品可得性（10355）——产品可得性
· 根据库存管理系统与其他系统的数据交换，实时跟踪产品的可得性。
· 跟踪在途库存与在生产线中的库存，将预计的产品可得性纳入可得产品计划中。
· 当关键在途库存数量没有达到预期值时，在途库存跟踪系统发出警报提示。
· 有能力提供产品全球库存数据，并能够以个别设施和存货位置为单位向下钻取数据。
· 能够依据供应商或制造商承诺的能力向他们订购承诺量</td><td>跟踪在途库存</td><td></td></tr>
</table>

表 6-3（续）

编号	主要功能		主要技术	技术趋势
3.5.3	仓库运营（10340）	拣选、包装、运送产品（10356）——拣选和包装 · 灵活地确定适当的拣货策略，如分批拣货、按订单拣货、分区拣货。 · 优化波次拣货和交叉拣货。 · 按照最短路径法优化按订单拣货、分批拣货或波次拣货的拣货线路。分批拣货要合并多个订单的相同关键库存单元，波次拣货是预先在每个区域设计拣货周期。 · 能够支持与渠道无关的订单履行流程。 · 采用数字技术，例如“亮灯拣货”、RF 终端、RFID、无线对讲系统或者相似的自动化系统，进行自动分拣与打包，提升拣货准确性，降低拣货时间。 · 手持拣货设备可以支持脱机工作。 · 使用传送带、机器人或其他自动化物料搬运设备将订单货物搬运到指定的分拣区域或拣货站，根据成本收益减少人工搬运距离。 · 每日记录主要任务和工作绩效。 · 在拣货和包装区域使用流动式货架或自动物料搬运设备。 · 打包要有利于后续活动	(1) 按单分拣和波次分拣； (2) 拣货路径优化	
		拣选、包装、运送产品（10356）——拣货与包装计划 · 实时更新发货订单，平衡作业，避免超负荷或低负荷运行。 · 员工通过 RF 设备或者语音设备接收工作指令，不需要纸质文档。 · 支持多个订单同步处理。 · 实时控制库存、定位存货，遵循基于规则的拣货逻辑。 · 订单管理技术与拣货、存储和搬运设备整合，从而包含所有产品数据特征信息。 · 订单管理、仓储管理、运输管理、场站管理和 ERP 系统完全整合	拣货策略优化	

表 6-3（续）

编号	主要功能		主要技术	技术趋势
3.5.3	仓库运营（10340）	拣选、包装、运送产品（10356）——发货 · 从系统中生成电子发货单。 · 唯一标识码支持单件扫描发货过程。 · 符合客户要求的自动识别标签可应用于各物流环节。 · 预先发货通知根据客户的要求通过 EDI 或者网络自动发出。 · 可以核算单次发货的发货成本，费用可以以产品线、渠道或部门等进行跟踪		
		拣选、包装、运送产品（10356）——联合/装载 · 有优化的三维拖车装载显示。 · 采用集装箱时指导操作人员以有效的方式打包物品，减少集装箱用量。 · 最小化集装箱装货与卸货劳动力。 · 有 TMS 方案支持装货管理——包括发货日期、交付截止日、线路、承运价格、设备可得性等	合理化装箱	
		跟踪库存准确性（10357）——库存准确性 · 采用盘点方法预防错误信息，确保实物与数据的匹配性。 · 通过对每个 SKU 总量的帕累托分析确定盘点频率。 · 所有 SKU 的盘点均采用认可的、规范化的抽样方案。 · 通过纠正产生错误库存的问题，维护六西格玛库存准确性。 · 通过射频数据收集或射频识别实时更新库存剩余和位置	库存信息的更新	

表 6-3（续）

<table>
<tr><th>编号</th><th colspan="2">主要功能</th><th>主要技术</th><th>技术趋势</th></tr>
<tr><td rowspan="2">3.5.3</td><td rowspan="2">仓库运营(10340)</td><td>跟踪第三方物流存储和运输绩效(10358)
· 将来自第三方物流节省的费用投资到更加完备和先进的可视化工具应用中。
· 可视化工具能够不断增强节约量。
· 建立出库发货标准与要求，并应用到第三方配送中心。
· 与第三方物流合作提供实时在途数据，推动出货绩效改善。
· 当实际发货时间与期望发货时间不符时，实时的在途和存储系统产生报警，纠正行为。
· 评价第三方物流企业遵守计划的绩效以及对不合规服务水平的纠正行为。
· 具有与第三方物流企业在能力管理和期望需求滚动预测方面的合作流程</td><td>实时在途数据</td><td></td></tr>
<tr><td>管理实体产成品库存(10359)——管理产成品库存
· 在拣货与存储时能够动态分配产成品库存的位置。
· 仓储管理系统支持主动成本管理和对产成品的全成本评价。
· 仓储管理系统支持储位静态或动态批量控制。
· 仓储管理系统通过内部或外部与场站管理系统的整合支持场站中的储位控制。
· 通过诸如条形码、射频远程数据终端或语音进行存货交易控制。
· 将精益原则和六西格玛原则应用到库存管理中</td><td>采用精益原则和六西格玛原则</td><td></td></tr>
<tr><td>3.5.4</td><td>出货运输运作(10341)</td><td>出货产品的计划、运输和交付(10360)——运输计划
· 采用运输管理系统，支持集中应用和区域性应用，具有编制计划、生成报告、统计分析和监控功能。
· 运输管理系统支持持续绩效改进功能。
· 评价配送能力的竞争性，能够充分理解组织的优势与劣势。
· 既能将多个发货整合为联合发货，也能将大订单分割为多个发货订单。
· 基于服务最大化和/或成本最小化，优化运输策略</td><td>标准化的业务规则</td><td></td></tr>
</table>

表 6-3（续）

编号	主要功能		主要技术	技术趋势
3.5.4	出货运输运作(10341)	出货产品的计划、运输和交付(10360)——共同承运人管理 · 在行程的每个阶段准确无误地自动跟踪托运货物。 · 与发货系统整合，自动更新运输系统。 · 自动装载清算与接收系统确保合同的依从性。 · 评价承诺交付时间与买方要求交付的准时性。 · 具有标准的运作程序与服务等级协议，至少每年审核一次	标准的运作程序与服务等级协议	
3.5.4	出货运输运作(10341)	出货产品的计划、运输和交付(10360)——运输货运模式管理 · 选择最低成本承运商的程序符合客户的要求。 · 选择运输服务提供商要符合准时性与质量方面的绩效要求。 · 具有考虑诸如在库存货、发货日期、交付截止日、承运费用以及设备的可得性等约束的运输解决方案	考虑约束条件的运输解决方案	
3.5.4	出货运输运作(10341)	出货产品的计划、运输和交付(10360)——运输管理过程 · 运输线路的选择需要考虑运输模式、运输线路和承运人。运输线路决策参数被整合到系统中，作为自动选择承运人的商业规则。 · 具有工具能够提供合作运输计划与执行环境，可以扩展到包括供应商和客户在内的所有部门与企业运营组织。 · 整个企业的自动化路由和调度优化是集中进行的	电子线路导航、路线优化	
3.5.4	出货运输运作(10341)	出货产品的计划、运输和交付(10360)——运输管理系统 · 自动化运输管理系统基于多个标准提供承运人选择与路线方案。 · 运输管理系统可以由企业自己采购或开发，也可以由第三方物流服务提供商提供。 · 运输管理系统能够同时管理所有的运输方式，并提供动态构建多种运输路线的能力。 · 运输管理系统可以自动构建路线，优化服务和/或成本	自动化运输管理系统	

表 6-3（续）

编号		主要功能	主要技术	技术趋势
3.5.4	出货运输运作(10341)	跟踪承运人交付绩效(10361)——承运人的出货绩效 · 承运人报告卡用来测量运输是否准时交付、是否被接收、是否准时到达运输仓库等，是否与约定的时间与损坏率一致等。 · 承运人损坏/质量数据要与原因分析和改进计划一起提交。 · 与承运人共同举办常规性季度业务评价，包括绩效的评价、能力计划和改进提议。双向积分卡帮助测量托运人与承运人的绩效。在季度业务评价中分享积分卡。 · 使用具有绿色认证的承运人。 · 电子线路导航包括期望的服务水平。 · 合同约定对承运人所有的交付都提供 EDI 反馈。 · 依从性的评价服从于收益战略目标	承运人报告、EDI 反馈	
		管理运输车队(10362)——车队管理 · 在需要时自有的或雇用的车辆可以完全切换。 · 通过信息技术实时评价司机、拖拉机和挂车的使用效率。 · 使用电子车辆系统跟踪司机和车辆绩效，提供更高水平的安全性。 · 利用整体运输要求优化专用车辆的使用效果。 · 基于单个数据库分析车辆和司机的运营成本，用满载费用评价车队绩效。 · 能够对服务于特定区域的资产和司机进行建模。 · 可以访问车辆位置数据与事件数据，允许对业务战略与情景进行建模。 · 仓储、制造与客户服务合作改善车队能力，降低供应链的总成本	车辆跟踪定位	
		处理和审计承运商票据与文件(10363)——交付证据/在途可见性 · 每次运输都提供证明交付的电子图形证据。 · 能够访问承运商的 GPS，为企业社会责任指标测评提供实时的可视性。 · 运输位置信息可以通过 EDI 获得	EDI、GPS	

表 6-3（续）

编号	主要功能		主要技术	技术趋势
3.5.4	出货运输运作（10341）	处理和审计承运商票据与文件（10363）——货运支付/审计 · 采用“自动计费”。 · 对运输成本和承运商绩效具有可视性。 · 可以进行电子资金转账。 · 具有货运支付系统，验证费率并规避多重支付。 · 可以获得所有额外费用的相关信息。 · 对客户和产品具有多种分摊运费的方法。 · 能够在总账中分配运费，并可以将反馈数据记录到系统中。 · 在运输管理系统中实施运输采购与支付模块。 · 使用专业审计与采购工具。 · 为增强竞争力、获得谈判机会，聘请第三方对现行汇率、附加费和附属费进行审计。 · 能将运输支付交易历史数据反馈到商业智能应用中	电子资金转账、成本和绩效具有可视性	
3.5.5	管理逆向物流（10342）	授权、处理退货（10364）——退货物品授权（RMA）系统 · 自动退货过程消除纸质流程产生的瓶颈。 · 系统应按确定的流程退货。 · 通过条形码或 RFID 识别退货物品。 · 终端客户通过电子邮件等途径确认退货信息。 · 客户中心为退货客户安排替代产品的运输。 · 客户中心在可能的情况下进行“向上营销”。 · 客户能够发起请求，并通过网络收到 RMA 授权	自动退货	
		授权、处理退货（10364）——终端客户退货管理 · 通过客户中心或者在线服务界面，客户能够收到 RMA 授权，然后安排承运人取货。 · 通过客户中心或者在线服务界面，客户能够跟踪退货状态	客户支持中心或在线服务	
		授权、处理退货（10364）——渠道退货管理 · 退货订单管理、收货/验收过程完全整合到订单管理中，对所有的订单或退货问题提供客户服务。 · 客户可以通过网络跟踪退货状态。 · 基于收货和退货的检查开展信用信息处理流程。客户能够在网上访问检查/信用信息	与退货关联的信用管理	

表 6-3（续）

编号	主要功能		主要技术	技术趋势
3.5.5	管理逆向物流(10342)	授权、处理退货(10364)——退货检查/分析 · 退货部门扫描退货条形码，更新订单交易系统并处理信用信息。 · 以产品/关键库存单元和客户报告的退货理由检查和分析到货产品。 · 记录并跟踪缺陷部件的失误原因。 · 依靠经过训练的工作人员进行退货分析。 · 为监测与跟踪失误安装相应的设备。 · 以物品和数量为单位，匹配退货与原始订单，匹配序列号和批量。 · 在降低退货数量和提高退货处理速度方面设立绩效指标	绩效指标的确定	
		执行退货物流(10365)——退货物流 · 退货物品授权(RMA)控制接收信息，处理信用备忘录等相关问题。 · 通过互联网安排退货物品授权(RMA)的承运合作伙伴取货。 · 退货和缺陷分析是一个集成过程，诸如客户信贷的批准决策在最后审查前都能够被推翻	退货物料授权 RMA	
		执行退货物流(10365)——终端用户退货物流 · 客户对退货产品进行打包。 · 客户能够通过网页自己安排承运商取货或者接受发货方指定的承运人。 · 客户可以通过电子邮件等沟通渠道收到退货处理信息以及信用相关问题的通知	退货跟踪	
		执行退货物流(10365)——渠道退货物流 · 以合作伙伴的形式与客户和承运商开发一个正式的退货流程。 · 使用退货物品授权标签和条形码/RFID 识别产品	合作制定正式的退货流程	
		执行残值活动(10366)——退货隔离区 · 具有安全、专业的退货管理与检查区域。 · 收到退货后立即将退货置于隔离区，跟踪到处置环节。 · 使用条形码标签或 RF 标签识别在隔离区的物品		

表 6-3（续）

编号	主要功能		主要技术	技术趋势
3.5.5	管理逆向物流(10342)	执行残值活动(10366)——退货物品处置 · 退货规则决定退货物品的处置地点是仓库、维修中心或第三方供应商，使用预先定义的规则自动分配退货物品处置地点。 · 跟踪物品的处置过程	退货规则	
		管理、处理保修期索赔(10367)——保修期索赔 · 系统的保障策略综合参考产品属性、客户类型和具体的合同条款。 · 客户服务代表在定义好的框架内有权力解决客户提出的保修期索赔问题。 · 与供应商共同形成缺陷组件的保障分析	(1) 客户服务人员授权； (2) 与供应商联合进行缺陷分析	
		管理维修/翻新并返回客户/库存(14195)——维修 · 维修的物品有条形码或 RF 标签，可以进行追踪。 · 维修订单使用条形码改善文档资料的准确性。 · 跟踪客户的特定维修诉求。 · 自动处理客户告知/维修授权。 · 适当跟踪劳动力和物料消耗，从常规制造中分离出维修所消耗的劳动力和物流，从而明确维修费用的细节。 · 最小化维修平均时间。 · 零部件需求预测考虑设备的布局、寿命、使用年限、使用率以及失误率。 · 使用科学方法设定零件库存水平。 · ERP 系统中能够反映出退货对关键库存单元库存量的影响。 · 正在维修产品的信息能够提供到库存管理系统中。 · 在退货到仓库之前就能够对特定产品的关键库存单元设置检查提醒	维修物品跟踪技术	
		管理维修/翻新并返回客户/库存(14195)——将拆卸的和使用过的零件放置到服务库存 · 利用条形码或 RF 标签识别所有使用过的零件。 · ERP 能够实时反映所有拆卸的零件。 · 在退货到仓库之前就能够对特定零件的数量设置检查提醒	使用条形码/RF 识别零部件	

四、客户服务管理流程标准及技术

客户服务管理流程包括客户服务战略制定、客户服务运作计划与管理以及客户服务运作测量与评价。其中客户服务战略制定的主要环节是细分与优化客户服务、定义客户服务政策和程序、建立客户服务水平；客户服务运作计划与管理的主要环节是计划与管理客户服务人员、管理客户服务请求/咨询、管理客户投诉；客户服务运作测量与评价的主要环节是客户请求/咨询处理满意度测量、客户投诉处理与解决满意度测量，客户对产品和服务的满意度测量。客户服务管理流程标准及技术趋势详见表6-4。

（一）客户服务战略制定

细分与优化客户服务：依据人口特征、行为数据、忠诚度、价值和态度细分客户。基于个体偏好和要求设定服务目标。获利性和额外获利性的潜力是确定关键客户的关键因素，优先安排面向关键客户的服务资源和服务水平。

定义客户服务政策和程序：尽管客户服务部门负责企业客户服务的全面工作，但要在整个企业创建以客户为中心的文化。为了充分调动员工服务于客户的主动性与能动性，为员工进行授权，使其不仅能够预测客户的服务需求，同时也有权响应客户的要求。

建立客户服务水平：联合关键客户了解客户当前的期望与未来的期望，基于客户特定的期望与协议确定服务水平，为员工提供基于客户和细分市场的服务水平培训，实时的服务水平监控允许客户服务代表调整交付的服务水平，以提供更好的客户体验。要求组织内的所有客户接触点理解所有的客户服务要求。在所有的关键工作场所，都有实物的或电子的标准化操作程序/工作说明书/工作指导书。服务等级协议基于客户细分、渠道和获利性给不同的客户提供不同的服务水平。定期基于客户服务水平数据组织客户服务的评价工作，而且评价结果总能推动适当的改善计划。

（二）客户服务运作计划与管理

计划与管理客户服务人员：问题的解决时间符合行业的最佳标准时间框架。定期与关键客户进行深度访谈，以确定客户服务的优先顺序，并就客户服务代表的表现获得直接反馈。根据客户满意度的反馈对客户服务代表、营销人员、服务人员及工厂的绩效进行评分。对未满足最低要求的失误会自动引起行动计划的开发，以修复目标绩效水平并进行持续改进。

管理客户服务请求/咨询：企业的客户关系管理软件允许客户输入服务请求与咨询。具有跟踪客户行为并更有效地响应客户需求稳健的技术。设定规范的客户请求/咨询流程，该流程与企业业务战略和目标保持一致，授权客户代表解决常见客户请求/咨询，所有的请求/咨询采用首问负责制，最多在一次转接之后解决完成。建立在线常见问题系统知识库，并根据客户查询的解决方案进行更新，使所有客户服务代表都能获得相关信息。

管理客户投诉：为不同等级的客户设定不同的服务水平，客户可以通过一次联系解决大部分技术问题，这就要求给客户代表充分的授权，使其有权力处理客户投诉涉及的问题，但对客户代表的授权不能超过上一级允许的水平。建立客户投诉常见问题知识库，便于客户通过访问常见问题自助解决遇到的问题。同时，企业对于所有的客户投诉问题都应该有溯源机制，从而从源头减少客户投诉事件发生的概率。建立数据库，详细记录客户投诉的内容及解决方案，便于客户代表学习与查找，提高处理客户投诉的效率。

（三）客户服务运作测量与评价

客户请求/咨询处理满意度测量：客户请求/咨询处理满意度主要属于客户维度的绩效指标，在平衡记分卡的客户维度中，纳入考虑客户请求/咨询处理过程及结果的满意度指标。通过客观的第三方执行客户请求/咨询处理满意度调查，调查结果需要符合统计可靠性的要求。同时，在每一次的请求/咨询处理结束后，都要进行简短的询问，确定客户对处理过程与结果的满意度。根据已经制订的标准行为计划，每周、每月对客户请求/咨询过程绩效进行评价，并将过程绩效与企业的战略利益相关联。追溯客户请求/咨询产生的原因，如果是供应商的失误造成的，则要求供应商处理客户反馈，并跟踪供应商的处理过程与结果，同时记录客户对处理过程与结果的满意度。

客户投诉处理与解决满意度测量：定期聘请第三方、适当邀请关键客户对客户投诉处理与解决的满意度进行评价。企业根据已建立标准行为计划评价实际客户投诉处理与解决绩效。基于以上评价结果，综合反映企业对客户投诉处理与解决的效果。

客户对产品和服务的满意度测量：定期聘请第三方、适当邀请关键客户评价客户对产品和服务的满意度，要求满意度的测评符合统计可靠性的要求。跟踪客户投诉的来源，定期与关键客户进行深度访谈，将客户的启示传递给关键决策者，使其成为产品和服务改良的重要参考依据。

表 6-4 电子商务供应链客户服务管理流程标准及技术

编号	主要功能		主要技术	技术趋势
4	客户服务管理(10006)			
4.1	客户服务战略制定(10378)			
4.1.1	细分与优化客户服务(10381)	客户细分 · 基于个体偏好和要求设定服务目标。 · 依据人口特征、行为数据、忠诚度、价值和态度细分客户。 · 具有定期审查所有细分客户群体服务维度的流程。 · 基于服务需求——包括“正式的”、已定义的、市场化标准的以及优质的服务提供细分渠道。 · 信息被用作谈判的工具，以促进形成新的合作方式。 · 具有正式的客户细分策略，优先安排面向关键(战略)客户的服务资源和服务水平	(1) 目标服务； (2) 客户细分； (3) 渠道细分； (4) 客户信息管理； (5) 客户优先级排序； (6) ABC 获利性	
		测量客户获利性 · 每个经营周期结束后可以自动获得完整的客户获利性 ABC 分析表。 · 获利性和额外获利性的潜力是确定目标客户的关键因素。 · 以正式和常规的方式与客户共享客户的获利信息。 · 针对客户反馈采取链接行动，增加收益和其他收入		
4.1.2	定义客户服务政策和程序(10382)	客户服务政策 · 在整个企业建立以客户为中心的文化。 · 员工预测客户的需求，并有权响应客户的要求。 · 客户服务部负责全面服务，包括订单履行率和准时交付率，是企业的服务重点。客户服务代表拥有客户明细，而不仅仅是流程订单和发票	客户服务	

表 6-4（续）

编号	主要功能		主要技术	技术趋势
4.1.3	建立客户服务水平（10383）	建立客户服务要求 · 基于客户特定的期望与协议确定服务水平。 · 与客户联合制定关键客户要求，起草正式的工作说明书，每季进行审查与更新。 · 联合建立客户服务愿景路线图，用以预测、设计和满足客户未来的需求。 · 修订共同管理的库存项目，例如供应商管理库存和协同式供应链库存管理。 · 定义客户服务规划，并得到认同。 · 服务水平基准为改善客户体验提供测量依据。 · 为员工提供基于客户和细分市场的服务水平培训，以提供更好的客户体验。 · 实时的服务水平监控允许客户服务代表调整交付的服务水平。 · 客户关系管理应用“终生价值”数据确定服务水平，获得最大的投资回报	(1) 工作说明书； (2) 供应商管理库存； (3) 协同式供应链库存管理； (4) 业务审查	
		沟通客户服务要求 · 要求组织内的所有客户接触点理解所有的客户服务要求。 · 在所有的关键工作场所，都有实物的或电子的标准化操作程序/工作说明书/工作指导书。 · 业务部门具有沟通客户需求与期望的策略。 · 客户满意度指标存放在与客户分析相关的数据库中。 · 主要客户管理系统在开发整合策略时得到了很好的理解和充分的考虑		
		记录客户要求 · 采用标准的工作程序，工作说明得到了组织正式的同意，并在组织内部进行过适当的沟通。 · 记录变更管理的程序来解决与沟通业务需求的变化。 · 制定流程，能对所有细分市场的所有服务维度进行年度审核。 · 服务等级协议基于客户细分、渠道和获利性给不同的客户提供不同的服务水平		

表 6-4（续）

编号	主要功能		主要技术	技术趋势
4.1.3	建立客户服务水平(10383)	客户业务评价 · 具有保证业务审查顺利执行的工作流程。 · 能够全面地、开放地进行信息评估和交流。 · 数据驱动的业务评价。 · 具有稳健的组织结构，包括对客户参与的充分准备。 · 评价总能导致产生适当的改善计划		
4.2	客户服务运作计划与管理(10379)			
4.2.1	计划与管理客户服务人员(10387)	客户服务计划 · 提供全天候的全面支持，问题的解决时间符合行业的最佳标准时间框架。 · 具有专门的运营资源来分析和报告客户反馈。 · 用数据识别管理客户关系，使订购/交付过程更加有效，增加用户友好性	(1) 行业最佳标准时间框架； (2) 客户服务代表绩效指标	
		测量客户服务 · 定期与关键客户进行深度访谈，以确定客户服务的优先顺序，并就客户服务代表的表现获得直接反馈。 · 定期地在个体水平、客户水平和团队水平方面跟踪客户代表服务绩效，并与客户服务代表进行分享。 · 与客户服务代表分享客户满意度调查，并根据需要提出改进计划。 · 根据客户满意度的反馈对客户服务代表的绩效进行评分。 · 工厂、服务和分销人员的绩效评估是根据客户反馈进行评分。 · 客户服务代表的绩效进行每日、每周和每月的审核——包括关键客户参与的评价。 · 根据标准对实际的客户服务过程绩效进行评估——没有满足最低要求的失误会自动引起行动计划的开发，以修复目标绩效水平与持续改进。 · 客户服务代表的关键绩效指标与企业战略目标和盈利模式相关。 · 如果由第三方管理，客户服务代表绩效指标是经过认可的，并且能够在网上查到		

表 6-4（续）

编号	主要功能		主要技术	技术趋势
4.2.2	管理客户服务请求/咨询(10388)	接收客户请求/咨询(10394) · 客户关系管理软件允许客户输入，并保持客户知情。 · 客户可以通过呼叫中心或者互联网获得订单状态的报告。 · 基于客户概况或协议为客户提供不同级别的客户支持。 · 具有跟踪客户行为并更有效地响应客户需求的技术。 · 技术投资可以提高客户服务的效率和效果。 · 具有在线的常见问题解答知识库		
		规定客户请求/咨询的程序(10395) · 单个联系人被授权处理的最大数量不能超过上一级水平。 · 有一个定义好的和文档化的流程，用来确认、批准与记录客户请求/咨询。 · 业务规则将使流程策略与业务战略、目标保持一致。 · 所有的技术问题都可以通过一个电话、最多一次转接解决。 · 授权代表解决常见的客户请求/咨询		
		响应客户的请求/咨询(10396) · 客户服务代表能够看到客户的账户信息，可以完整地获得客户的订单信息、产品信息和合同条款，以支持客户的查询。 · 客户代表被授权处理大多数咨询，但最大数量不能超过上一级水平。 · 系统知识库根据客户查询的解决方案进行更新和编目，以便所有客户服务代表都能获得相关信息		
4.2.3	管理客户投诉(10389)	接收客户投诉(10397) · 客户可通过电话或网络接受技术支持。 · 提供不同水平的售后支持，包括的服务水平如高级替代、4 小时支持、24 小时支持等。 · 存在定义好的规范流程，用来确认、批准、记录投诉与索赔。 · 客户可以在线获得常见问题解答知识库		

表 6-4（续）

<table>
<tr><th>编号</th><th colspan="2">主要功能</th><th>主要技术</th><th>技术趋势</th></tr>
<tr><td rowspan="3">4.2.3</td><td rowspan="3">管理客户投诉(10389)</td><td>规定客户投诉程序(10398)
· 所有技术问题能够通过一次电话解决，最多转接一次。
· 技术代表被授权在规定好权力范围内进行问题产品的维修或替换。
· 技术代表被授予处理客户一次联系的大多数技术询问和投诉，但最大询问和投诉数量不能超过上一级可以受理的范围</td><td></td><td></td></tr>
<tr><td>解决客户投诉(10399)
· 所有的技术问题都是通过一个电话、最多一次转接解决。
· 对于保修和到货即损的产品具有正式的退货流程。
· 基于对客户投诉的解决方案，更新、分类系统知识。更新常见问题解答知识库</td><td></td><td></td></tr>
<tr><td>响应客户投诉（10400）
· 在数据库中跟踪客户投诉的来源并记录解决方案，从根本上减少投诉。
· 为了满足客户期望，监控流程再造的影响</td><td></td><td></td></tr>
<tr><td>4.3</td><td colspan="2">客户服务运作测量与评价(10380)</td><td></td><td></td></tr>
<tr><td>4.3.1</td><td>客户请求/咨询处理满意度测量(10401)</td><td>客户服务测量
· 定期与关键客户进行深度访谈。
· 考虑客户请求/咨询及其频率，按照客户积分卡测量关键绩效指标。
· 由第三方执行持续的、具有统计可靠性的客户满意度调查。
· 在数据库中跟踪客户投诉的来源，用来分析问题产生的根源，并根据客户与市场细分跟踪客户投诉趋势。
· 在每个客户请求/咨询电话结束后都要进行简短的询问，以确定客户对处理过程及结果的满意度。
· 根据客户细分确定“客户建议”的权重。
· 测量完美订单的构成要素</td><td>标准行为计划</td><td></td></tr>
</table>

表 6-4（续）

编号		主要功能	主要技术	技术趋势
4.3.1	客户请求/咨询处理满意度测量(10401)	客户满意度记录 · 每周、每月对客户请求/咨询相关的绩效进行评价，包括关键客户的适当参与。 · 根据已经制订的标准行为计划，评价客户请求和咨询过程的绩效，旨在将流程恢复到目标绩效水平。 · 将过程关键绩效指标（KPIs）与企业的战略利润模式相联系。 · 如果客户的投诉与供应商的服务失误有关，则要将客户的投诉反馈给供应商，并跟踪供应商的处理过程。 · 如果由第三方管理客户请求/咨询，则与客户请求/咨询的响应时间相关的绩效指标需要经过认可，并且能够在网上查到。 · 跟踪客户投诉，用于驱动纠正/预防流程		
4.3.2	客户投诉处理与解决满意度测量(10402)	客户投诉处理与解决的满意度 · 每周、每月评价投诉处理与解决相关的绩效，可以适当邀请关键客户参与评价。 · 根据已建立的标准行为计划评价实际客户投诉处理与解决绩效，标准行为计划旨在将流程修复到目标绩效水平。 · 客户投诉处理与解决过程的关键绩效指标与企业战略利润模式相关。 · 如果由第三方管理客户投诉处理与解决的满意度，与客户投诉处理与解决相关的绩效指标需要经过认可，并且能够在网上查到		
4.3.3	客户对产品和服务的满意度测量(10403)	客户对产品和服务的满意度 · 在数据库中跟踪产品投诉的来源，有利于通过跟踪产品类别和细分市场，从而分析问题的根源。 · 具有将来自客户反馈的启示传递给关键决策者的流程。 · 具有结构化的流程，将客户需求与特定的产品特征、服务、产品投诉、查询和退货联系起来。 · 定期与关键客户进行深度访谈，以确定对产品和服务的满意度。 · 在新产品开发过程中，邀请客户参与产品和服务改善过程。 · 由第三方执行持续的、具有统计可靠性的客户对产品和服务的满意度调查		

五、人力资源开发与管理流程标准及技术

人力资源开发与管理流程包括员工开发、激励机制设计和员工信息管理。其中员工开发的主要环节是员工绩效管理、员工发展管理、员工开发与训练；激励机制设计的主要环节是奖励、认可和激励程序的开发与管理；员工信息管理的主要环节是员工绩效指标的制定与管理。人力资源开发与管理流程标准及技术详见表 6-5。

（一）员工开发

员工绩效管理：员工绩效管理的目的是对员工的行为产生引导作用。绩效评价指标体系主要包括两部分：其一是能够测度员工工作业绩的指标，其二是能够测量员工工作胜任力的指标。员工绩效指标强调突出重点，将员工的行为引导到与企业战略高度匹配的工作中去。员工绩效指标体系需要向员工宣讲，让员工理解每个指标代表的含义，引导员工的行为向着企业期望的方向行进。

员工发展管理：根据员工岗位的留任与发展设计员工个体发展计划，在员工发展课程体系设计中既要考虑传统的职业发展训练项目，也要考虑特殊的工作课程。企业提供学习管理系统辅助员工个人发展计划的实施，并建立企业内部导师制，支持员工发展计划的落实。

员工开发与训练：从岗位来看，需要识别并记录每个工作岗位需要的胜任力与技能，根据岗位要求设定训练计划。从员工个人成长来看，需要制订系统的训练计划，贯穿到员工的整个职业生涯。为了保证训练效果，可将训练计划延伸到企业合作伙伴中。在训练模式方面，可以综合采用组织强制式学习模式和个人自主能动性学习模式。发挥信息技术的优势，采用视频教学等模式降低学习成本，提高学习效果。具体的训练项目应该包含岗位技能训练、岗位留任或晋升训练、社会与环境符合性训练、产品及功能学习、一专多能训练等。企业内部的沟通系统应能覆盖所有员工、客户及供应商，允许自上而下的沟通和自下而上的沟通，凭借沟通系统共享组织的关键战略及关键业务运营数据。针对面向客户的工作人员开展专项训练，采用多种教学方式，可将例外报告、产品说明说、岗位职责等作为教学内容，提升客户服务代表的岗位胜任力与技术水平，并可将培训扩展到企业之外的合作伙伴。将精益理念作为员工训练计划的重点内容，有关精益的培训要覆盖

企业的所有岗位，对企业领导人及关键员工侧重培训精益概念与原理，而对每个工作岗位涉及的精益管理工具都要进行特定培训。

（二）激励机制设计

在企业内部设立负责员工激励的部门，负责设计员工激励制度，将企业战略目标的实现作为员工激励制度设计的主要目标，引导和推动员工行为与企业利益一致，全面支持员工持股计划，充分调动员工的积极性和主动性。

（三）员工信息管理

开发与管理员工绩效指标，通过与竞争企业的对比，评价企业的员工绩效，明确员工开发与管理的比较优势与不足。将员工绩效用在关键业务与资源计划中，将绩效评价嵌入每日的工作计划中，促进资源合理利用，提升每日工作绩效。

表 6-5　电子商务供应链人力资源开发与管理流程标准及技术

编号	主要功能		主要技术	技术趋势
5	人力资源开发与管理(10007)			
5.1	员工开发(10411)			
5.1.1	员工绩效管理(10470)	员工绩效 · 绩效管理系统是为了引导员工行为向企业期望的方向努力，不仅仅是绩效评价系统。 · 用工作业绩评价员工绩效，是绩效评价流程的一部分。 · 胜任力评价是员工绩效评价流程的一部分，将管理激励连接到员工评价中，以适当的周期进行员工绩效评价。 · 员工可以理解绩效评价的指标体系及其内涵。 · 绩效管理系统确保员工能够集中到少量的、简单的、重要的、与企业战略高度匹配的工作中		

表 6-5（续）

编号	主要功能		主要技术	技术趋势
5.1.2	员工发展管理（10472）	员工发展 · 员工个体发展计划用来为员工留任与发展提供支持。 · 在员工发展课程体系中，将传统的职业发展训练项目与特殊的工作课程相结合。 · 学习管理系统是整个人才管理策略的组成部分。 · 具有基于个人发展计划建立的导师制的正式流程	导师制、个体发展计划	
5.1.3	员工开发与训练（10473）	训练计划 · 识别并记录每个工作岗位需要的胜任力与技能。 · 开展能够支持其他培训项目的网络培训项目。 · 员工训练项目要扩展到企业的合作伙伴中。 · 为特定的管理层定制员工开发与训练活动，并能够贯穿员工的整个职业生涯。 · 知识保存和共享是人力资源系统的一个重要特征，知识管理与组织学习密切相关。 · 使用网络学习降低成本，增强员工对新业务的适应性与反应性。 · 培训模式既强调组织的强制性又突出个人的能动性，包括由组织发起的自上而下的强制学习以及由个人主动开展的专业领域内的自主学习。 · 使用学习效果评价方法确定学习效果。 · 培训结果与绩效评估和发展计划相关联	网络学习、学习效果评价	

表 6-5（续）

编号	主要功能		主要技术	技术趋势
5.1.3	员工开发与训练(10473)	训练项目 · 可视化的训练辅助和资料帮助员工发展技能，使其掌握的技能超越当前的任务要求。 · 制订明确的留任和发展计划，并根据绩效结果确定留任与晋升。 · 具有符合社会与环境要求的训练标准，并能强制执行。 · 对于正在生产的所有产品和大多数功能，都有在线文档供操作员学习使用。 · 技术与胜任力对每个工作岗位都是一致的，并且每个工作岗位都有训练要求。 · 具有数据驱动的、在线的、自我指导的培训计划，并定期更新软件和培训数据库。 · 采用多种培训形式提高留任效果与服从工作要求的比率。 · 绩效评价要与期望的成果相联系。 · 保证尽可能多的员工能够接受跨组织的培训，以保证技能达到工作岗位的要求。 · 员工掌握多技能是培训目标之一。 · 在整个企业中推行学习型组织，打造学习文化。 · 自我导向的工作团队是在制造和其他职能领域进行员工培训的主要方法。 · 监督结构尽可能扁平化，员工可以通过工具获得最佳实践，支持员工学习工作技能	(1) 跨组织培训； (2) 自我导向的工作团队； (3) 监督结构扁平化	
		员工沟通 · 一个正式的沟通计划，覆盖所有员工、客户和供应商，保证告知所有参与方企业当前的运营情况。 · 员工的沟通包括训练，也包括对关键战略和全球化影响的认识。 · 沟通系统允许自上而下和自下而上的转达观点、数据和信息。 · 应急沟通计划包括与离职员工的沟通。 · 团队领导与每个工作单元的所有员工举行简短会议，回顾每日目标，上一班强调的内容和下一班需要交接的内容。 · 与所有员工完全共享关键业务运营数据，以开放与直接的方式回答疑问。 · 组织内部尊重管理人员，并认为管理人员具有高水平的人格尊严	(1) 正式沟通计划； (2) 员工共享关键业务数据	

表 6-5（续）

编号	主要功能		主要技术	技术趋势
5.1.3	员工开发与训练（10473）	面向客户的员工训练 · 基于计算机训练、正式课堂训练和监督训练等多种方式的混合来培训客户服务代表。 · 通过例外报告主动识别、沟通客户问题。 · 由客户服务代表或经理实施与管理供应商库存项目。 · 客户服务代表具有信息盈利能力，能够根据需要进行沟通。 · 明确训练时间的要求。 · 实施有效的产品与服务训练计划。 · 可以测量和分析训练效果。 · 具有确保训练项目持续更新的流程。 · 全天候提供有效的在线培训。 · 识别出每个岗位的胜任力与技术要求。 · 训练可以扩展到企业之外的合作伙伴	(1) 采用多种方式培训客户服务代表； (2) 提供全天可以访问的在线培训； (3) 训练可扩展到企业外合作伙伴	
		精益训练 · 所有企业领导者与关键员工都经过精益概念与原理的培训。 · 所有的员工都经过了精益概念、自身工作所需的特定工具的培训。 · 基于企业年度计划制定所有运营部门的培训目标。 · 所有新员工的入职培训中都包含精益培训。 · 持续的与有效的精益训练是企业领导者的重要考核指标。 · 具有支持团队建设的关键举措，包括基于技能的薪酬体系、自我指导的工作团队、基于需求的培训和教育、员工满意度体系等。 · 财务报告和预算支持精益、基于需求的生产和零库存的理念。 · 激励机制能够支持精益计划，每个运营部门都基于团队制订精益计划	(1) 精益理念的培训； (2) 基于精益理念的培训	

表 6-5（续）

编号	主要功能		主要技术	技术趋势
5.2	激励机制设计			
5.2.1	奖励、认可和激励程序的开发与管理(10494)	奖励与认可 · 具有正式的组织推动员工行为，平衡有形与无形奖励。 · 全面支持员工持股计划。 · 根据个体需求量身定制员工的认可方式。 · 具有普遍的奖励与认知项目，用以强化激励获得的里程碑或者超过预期的业绩。 · 将奖励、认可和对变化的责任与变更的影响评价结合起来。 · 通过与战略目标实现相联系的个体激励与系统奖励，推动战略性计划的实施。 · 谨慎设计知识共享的奖励策略，避免出现非预期的后果	奖励应与战略目标相联系	
5.3	员工信息管理(10414)			
5.3.1	员工绩效指标的制定与管理(10526)	员工绩效指标 · 通过竞争企业测量员工典范，以帮助企业产生竞争意识，提高效率与效果。 · 开发与管理员工绩效指标，并将员工绩效用在关键业务与资源计划中。 · 将评价系统嵌入每日工作计划中，以促进每日的业务绩效。 · 员工绩效管理软件用于简化绩效管理流程，使员工目标与公司目标保持一致	(1) 参考竞争企业绩效指标； (2) 员工绩效软件	

六、信息管理流程标准及技术

信息管理流程包括信息技术管理、弹性与风险管理和企业信息管理。其中信息技术管理的主要环节包括制定企业 IT 战略；弹性与风险管理的主要环节包括发展与管理业务弹性，制定与实施安全、隐私和数据保护控制；企业信息管理的主要环节包括制定信息与内容管理策略。信息管理流程标准及技术趋势详见表 6-6。

（一）信息技术管理

制定企业 IT 战略：依据企业战略制定 IT 战略，IT 战略支撑并促进企业战略实施。企业具有 IT 系统集成的基础设施，搭建的信息系统架构能够支持快速部署开发新应用、快速采纳新技术。集成系统不仅可以集成内部用户之间的数据，也可以集成客户及供应链伙伴的数据，集成功能不受数据类型的限制并且可以升级。企业积极参与行业数据标准的制定过程，在数据规划中尽量采用行业标准，以保障数据交换的广泛性。对信息系统的正常运行能够提供全天 24 小时技术支持与维护，采用双机集群/镜像备份功能，降低信息系统中断风险。

（二）弹性与风险管理

发展与管理业务弹性：具有信息系统运营备用方案，危机管理团队实时监控系统运行环境，在发现异动时启动信息系统运营备用方案。建立自然灾害等不可抗力行动纲领，定期执行业务持续性与灾难恢复计划测试活动，确保异常情况发生后的响应速度与响应有效性。

制定与实施安全、隐私和数据保护控制：具有网络安全软硬件设备，如防火墙、企业级别的病毒防护系统。客户数据与知识产权能够得到妥善保护。企业采用具有行业标准的隐私框架，明确管理员职责，认真落实隐私保护计划，定期执行内部审计，具有反馈控制与持续改进机制。

（三）企业信息管理

制定信息与内容管理策略：数据管理需要采用“一把手”负责制，具体管理工作由专人负责，而且要成立数据治理小组负责监督数据人员、开发人员和数据库管理者的活动。数据管理的目的是预防发生企业层面的问题，要求数据管理与收集要做到零缺陷。制定确保数据一致性、准确性和可靠性的政策。企业具有标准化的工具，用来控制数据质量、描述数据概况。实现自动化的、实时的数据质量控制，能够持续检查数据质量，并及时改正质量问题。采用行业标准和最佳实践作为数据质量管理绩效指标，根据数据质量管理绩效评价结果改进数据管理过程。

表 6-6　电子商务供应链信息管理流程标准及技术

编号	主要功能		主要技术	技术趋势
6	信息管理(10008)			
6.1	信息技术管理(10563)			
6.1.1	制定企业IT战略(10570)	信息系统战略 · 信息系统与业务流程匹配并相互支持。 · 具有企业层面的IT整合基础设施,如中间件、Web服务器等。 · 信息系统的搭建基础能够支持分析应用。 · 信息系统架构能够支持快速部署和采纳新兴技术。 · 信息系统与企业业务一致,将信息系统应用到业务中。 · 在企业内部实现信息技术共享应用。 · 企业的ERP能够适应基于需求的精益生产理念,或者采用基于精益生产理念的业务系统。 · 为用户提供近乎实时的数据管理业务。 · 具有一个有效的流程,可以评价与持续应用现有最好的信息技术	精益生产	精益生产
		系统集成 · 集成的系统可以升级。 · 集中式数据库或多站点数据库能够根据需求进行实时集成。 · 客户、供应链伙伴和内部用户之间可以进行端到端的数据集成。 · 由客户、供应链合作伙伴和内部用户集成的数据可以进行自动分析。 · 通过安全的网络服务器对事务和状态信息进行实时传递,实现系统间的数据集成。 · 系统支持与不同类型的客户和供应商采用多种方式开展业务。集成功能可以接受任意类型数据格式或文件类型的交易数据。 · 信息系统能够将内部信息与市场和竞争事件等外部信息集成在一起。 · 信息系统将财务、运营、销售和市场数据与分析应用集成在一起	(1) 集中式数据库; (2) 多站点数据库	

表 6-6（续）

编号	主要功能		主要技术	技术趋势
6.1.1	制定企业IT战略(10570)	数据管理标准 · 数据模型可以获得所有数据的业务需求和技术细节。 · 在内部业务应用中，具有内部集成的数据标准。 · 作为行业协会成员/领导者/发起人和/或其他参与标准制定工作的行业组织积极参与行业标准制定过程中。 · 对于与项目、业务相关的数据，充分使用和支持行业标准的数据格式。 · 充分使用和支持行业标准形式与行业标准以支持业务文档（订单、发票、物品信息、报价、进/发货通知、折扣等）电子交换。 · 使用第三方数据目录或档案，以验证输入的数据。 · 数据准确性水平超过 99%，以支持战略、战术和操作规划过程。 · 拥有数据并对其准确性负责的“数据管理员”负责提升数据的准确性。 · 通过审计跟踪在线更正可疑数据	电子数据交换	
		IT 系统支持 · 严重的运营中断非常稀少，在 99.97% 的时间里信息系统运行正常。 · 信息系统由现场和/或场外人员全天 24 小时负责技术支持与维护。 · 信息系统可以提供实时的双机集群/镜像备份功能。 · 信息系统技术支持人员在所有相关信息系统和安全方面得到充分培训。 · 及时解决故障/维修，尽量减少业务中断。 · 定期进行信息系统维护工作	双机集群/镜像备份	

表 6-6（续）

编号	主要功能		主要技术	技术趋势
6.2	弹性与风险管理(11216)			
6.2.1	发展与管理业务弹性(11217)	业务连续性计划 · 具有信息系统与运营的备用方案，并且所有相关员工都了解备用方案如何启动、如何使用。 · 危机管理团队实时监控系统运行环境，并确定在异动环境下所需执行的行动。 · 对于特定的事件，例如，飓风、地震、洪水等建立危机应对行动纲领。 · 定期测试情景计划，确保异常情况发生后的响应速度和响应有效性		
		灾难恢复 · 使用并遵循国家、行业相关应急管理办法或者应急相关指南。 · 至少每年执行一次业务持续性与灾难恢复计划测试活动，并记录测试结果		
6.2.2	制定与实施安全、隐私和数据保护控制(11220)	安全与数据保护 · 通过多层防火墙和加密的隔离区访问互联网。 · 有第三方的系统安全监控。 · 客户数据与知识产权得到妥善保护。 · 所有的系统漏洞都能得到及时修复。 · 具有企业级别的病毒防护系统。 · 具有行业最佳实践的安全交易流程		
		隐私控制 · 企业采纳与实施了具有行业标准的隐私框架。 · 隐私保护计划明确职责，并得到管理人员的支持。 · 隐私原则要与监管要求和行业标准相适应。 · 形成信息分类机制，用来治理隐私项目。 · 具有行动和沟通计划，执行隐私事件的管理。 · 定期执行内部审计，也支持外部审计。 · 反馈控制与持续改进支持隐私项目的实施	隐私框架	

表 6-6（续）

编号	主要功能		主要技术	技术趋势
6.3	企业信息管理(10565)			
6.3.1	制定信息与内容管理策略(10583)	主数据管理 · 数据治理小组监督数据人员、开发人员和数据库管理者的活动。 · 首席执行官支持数据管理相关工作。 · 企业用户在数据管理战略和传递中发挥积极作用。 · 数据管理的目标是防御企业层面的问题。要求数据管理与收集做到零缺陷。 · 具有确保所有数据的一致性、准确性和可靠性的政策。 · 具有企业层面标准化的业务规则		
		数据质量 · 数据质量控制过程是自动的、实时的，重点是预防。 · 数据质量控制过程与数据概况描述的工具在企业层面是标准化的。 · 持续检查数据，发现问题及时改正		
		数据准确性管理措施 · 参照行业标准和最佳实践制定数据质量管理绩效指标。 · 绩效度量结果用于改进数据管理过程。 · 数据准确性水平超过99%，能够支持战略的、战术的和运营的决策过程		

七、财务资源管理流程标准及技术

财务资源管理流程主要包括收益核算、应付账款和费用报销。其中收益核算的主要环节包括客户信用处理和应收账款处理。应付账款和费用报销的主要环节包括应付账款处理。财务资源管理流程标准及技术趋势详见表 6-7。

（一）收益核算

客户信用处理：在客户信息数据库中可以查询客户信用信息，作为订单履行的依据。如果客户信用管理并非企业的核心业务，则可以外包该部分业务。

应收账款处理：根据与客户签订的合同及时处理应收账款，采用电子资金转账提高应收账款的到账速度。

（二）应付账款和费用报销

应付账款处理：根据与供应商签订的合同及时处理应付账款，采用自动化工作流程，提升应付账款的处理效率，但要进行适度的保密控制，保证财务系统的安全性。

表 6-7　电子商务供应链财务资源管理流程标准及技术

编号	主要功能		主要技术	技术趋势
7	财务资源管理(10009)			
7.1	收益核算(10729)			
7.1.1	客户信用处理(10742)	客户信用处理 • 销售人员可以访问客户信息数据库，掌握客户信用报告。 • 如果客户信用报告并非企业的核心业务，可以外包信用部门的处理流程。 • 基于整合产品测试的结果和退货管理提取的信用信息会有差异		
7.1.2	应收账款处理(10744)	应收账款处理 • 与合同条款一致，根据客户收货情况让客户自动授权支付过程。 • 对于企业的主要客户可以通过电子资金转账实现实时支付。 • 采用财务共享服务的应收账款业务模式。 • 使用减少异常处理的技术	电子资金转账提高应收账款到账速度	
7.2	应付账款和费用报销(10733)			
7.2.1	应付账款处理(10756)	应付账款流程 • 适当使用自记账、价格稳定、倒冲、在线支付和电子转账。 • 以使用地点的消费为基础进行支付。 • 使用集中的或者共享的应付账款服务。 • 自助服务功能(24×7 财务信息访问)存在适当的保密控制。 • 在应付账款中使用自动化工作流程		

八、合法性管理流程标准及技术

合法性管理流程的重点是符合监管利益相关者的要求，其中重点是提升环境的依从性，目的是通过合法性管理使组织得到社会的认可、接受与信任。合法性管理流程标准及技术趋势详见表 6-8。综合运用遵从、选择、操控和创造 4 种合法性获取手段，建立合法性管理体系和操作指南。在组织内部植入合法性理念，并将碳减排和碳中和作为组织运营目标之一，持续改进生产工艺，尽量不产生有害物质或无法处理的废弃物。

表 6-8 电子商务供应链合法性管理流程标准及技术

编号	主要功能		主要技术	技术趋势
8	合法性管理(11184)			
8.1.1	符合监管利益相关者的要求(11200)	环境依从性 · 业务的所有环节都要考虑环境问题，环境问题对所有员工而言都是重要的。 · 将碳减排和碳中和作为组织运营的重要目标之一。 · 设施符合 ISO 140001—2004 的规定。 · 改进的生产工艺不会或者仅产生少量的有害物质或无法处理的废弃物		

九、知识、改善与变革的管理流程标准及技术

知识、改善与变革的管理流程的重点是组织绩效战略管理、基准绩效、知识管理能力和变革管理。其中组织绩效战略管理的主要环节包括构建企业评价系统模型和评价流程绩效；基准绩效的主要环节包括执行绩效评价、执行标杆管理和执行竞争性标杆；知识管理能力的主要环节包括管理知识管理项目的生命周期；变革管理的主要环节包括维持改进和持续改进。知识、改善与变革管理流程标准及技术趋势详见表 6-9。

(一) 组织绩效战略管理

构建企业评价系统模型：定期分析企业商业模式的成熟度，创建反映成

熟度的评价系统。为了响应内外部环境变化，需要对企业的评价系统模型进行定期审查。其中运营绩效评价要与战略计划、使命、愿景和价值相联系，贯穿整个企业。

评价流程绩效：流程绩效评价的目的是减少流程故障、降低流程变异、减少废弃物资、提升供应链绩效，因此流程绩效评价涉及多个部门，也包含客户与供应商。为了保障评价的公平性，在不同部门进行的流程评价指标要进行适当的调整，同时各部门要经常组织绩效评价指标对接会议，保证设定的绩效指标符合协调性要求。定期公布绩效评价结果，充分发挥绩效评价结果对工作业绩的正向激励作用。

（二）基准绩效

执行绩效评价：绩效评价的执行由经过外部跨职能机构认证的内部审计人员负责，也可以邀请第三方注册机构根据特定的标准进行绩效评价。管理层要跟进所有绩效评价的计划和行动，确保计划与行动执行的有效性。绩效评价的结果将促进纠偏计划的产生。

执行标杆管理：高级经理支持并参与到绩效标杆的制定过程中。对标与建标的过程是针对组织中多级别的广泛、规律且频繁的沟通过程。所有运营过程都参与标杆推荐，尽可能多的利益相关者都参与标杆推荐。企业对每个关键流程都寻找最佳实践标杆。

执行竞争性标杆：企业经常使用定性或定量的标杆数据，分析竞争对手的行为和产品，基于分析结果开展相应的行动。通过客户、供应商与战略联盟伙伴提供竞争情报。根据竞争对手的相对位置决定产品改善的程度。客户标杆是客户对企业绩效的期望，企业的绩效标杆应符合客户标杆，要在企业内部和主要利益相关者之间共享客户标杆的评价结果。

（三）知识管理能力

知识管理的关键技术是隐性知识显性化、个体知识企业内部公共化、经验知识科学化、非正式知识正式化。知识管理的主要趋势是知识具身，即人类知识与 AI 机器人形成知识具身，影响工作中的人机关系。

管理知识管理项目的生命周期：全面的知识管理系统用于知识保存、过程与步骤描述，推动价值增值的业务流程再造。采用知识管理系统全面定义、控制并定期更新对质量和过程至关重要的所有文档。在组织内部消除知识共享的结构性障碍，塑造支持知识重用的企业文化。由客观的第三方机构定期评价知识管理流程的有效性，邀请客户和供应商合作进行流程再造，去除非价值增值部分。

（四）变革管理

维持改进：将质量手册作为产品、运营和服务卓越性的路径图，并定期进行审查、更新。企业将质量手册作为使用的电子文档，在日常工作中管理人员能够看到质量手册，也能够口述质量手册的内容。采用管理变革推动质量政策的落实，企业所有人员都能够充分理解并背诵质量政策，每位员工都有责任对质量政策的成果作出实质性贡献。质量职能部门是企业质量管理的领导者、组织者、协调者和控制者，以最大限度提升盈利能力和客户忠诚度为己任。

持续改进：持续改进系统能够自动跟踪问题与投诉，能及时对客户和供应商进行反馈，并能提醒员工防范慢性事件。具有预测质量问题发生的方法与工作程序，同时可以采取有效的措施防止问题发生。管理层深度参与流程再造团队的工作，鼓励员工不断优化流程，提升流程的卓越性。

表 6-9　电子商务供应链知识管理流程标准及技术

编号	主要功能		主要技术	技术趋势
9	知识、改善与变革的管理(10013)			
9.1	组织绩效战略管理(11071)			
9.1.1	构建企业评价系统模型(11075)	评价模型 · 企业定期分析商业模式的成熟度，并创建反映成熟度的评价系统。 · 具有有效的程序与工具，能够推动评价系统渗透到组织内。 · 具有全面了解评价系统的辅助技术。 · 具有节约成本的、有效的技术，支持从互联网访问评价系统。 · 企业定期审查绩效评价系统，以响应业务环境内部和外部的变化。 · 运营绩效评价与战略计划、使命、愿景和价值相联系，贯穿整个企业		

表 6-9（续）

编号	主要功能		主要技术	技术趋势
9.1.2	评价流程绩效（11076）	流程绩效 · 采用流程绩效评价减少流程故障、提高流程稳定性。 · 评价、分析并不断减少废弃物资。 · 在流程绩效评价时要与客户和供应商保持跨企业的联系与交互。 · 通过流程绩效指标评价提升供应链（分销商、供应商、外包伙伴）绩效。 · 为了确保公平性，当流程绩效评价系统应用到各个部门、单位、辅助部门、分支机构和业务伙伴时要进行适当的调整。 · 具有设计周密的客户评价体系，可以超出客户满意度调查的范围。 · 具有推动绩效管理系统实施的技术。 · 流程绩效评价指标是企业所有部门和各个级别定期会议讨论的内容，以确保组织内部绩效的协调性。 · 流程绩效评价指标在持续改善项目中，不断钻取数据，更改流程，获得成就。 · 绩效评价指标对所有人可见，并在组织内部定期张贴绩效评价结果。 · 使用经过验证的数据和信息推动相关业务决策。 · 跟踪目标的变化，确定最终实现的目标或根据现实进行目标修订	柔性（快速）、精益目标的指标化	柔性供应链、精益供应链
9.2	基准绩效（11072）			
9.2.1	执行绩效评价（11083）	审核与评价 · 训练有素且经过外部跨职能机构认证的内部审计人员，基于优先级能有计划地对运营的方方面面进行评价。 · 由外部的第三方注册机构根据适当的标准进行绩效评价。 · 在绩效评价过程中通常包含客观的第三方或客户审计。 · 绩效评价结果推动设定行动纠偏计划。 · 管理层跟进所有绩效评价计划和行动，以确保计划和行动的有效性。 · 绩效评价结果用于创建正式的纠偏计划	细分行业标杆基准化	

表 6-9（续）

编号		主要功能	主要技术	技术趋势
9.2.2	执行标杆管理(11085)	标杆管理流程 · 高级经理支持并参与到绩效标杆的制定过程中。 · 向标杆努力的范围和目标是清晰的、具体的。 · 在要建立标杆的领域企业拥有扎实的数据基础，能够反映历史绩效。 · 对标与建标的过程是针对组织中多级别的广泛、规律且频繁的沟通过程。 · 标杆管理团队拥有足够的资源和培训。 · 所有运营过程都参与标杆推荐，尽可能多的利益相关者都参与标杆推荐	对标、创标	
		流程标杆 · 企业具有一个严格内部流程标杆项目。 · 使用正式的方法在组织内共享最佳实践。 · 目标要基于一流绩效中的最佳内部绩效。 · 企业对每个关键流程都寻找最佳实践标杆		
9.2.3	执行竞争性标杆(11086)	竞争性产品标杆 · 产品改善部分取决于竞争对手的相对位置。 · 建立确定竞争地位的绩效指标。 · 通过客户、供应商与战略联盟伙伴提供竞争情报。 · 对扩展供应链进行正式审查，识别任何可能危及物料不支持需求的关键点。 · 企业经常使用行业或其他来源的标杆数据。 · 企业经常使用定性或定量的标杆数据，分析竞争对手的行为和产品，基于分析结果开展相应的行动。 · 企业使用行业标杆和外部标准促进企业创建业务流程模型。 · 企业与贸易组织一起主动参与到行业与跨行业的标准制定中，支持行业级别的标准制定，支持参与“非竞争性组织”的标准制定		
		客户标杆 · 建立了提升企业绩效的规范性流程，以使企业绩效达到客户的期望。 · 客户参与标杆的制定过程，能够提供竞争对手绩效数据或同类企业的最佳绩效。 · 识别、跟踪并弥补客户标杆绩效差距。 · 企业的绩效标杆完全符合客户的期望。 · 在企业内部与主要利益相关者之间共享依据客户标杆的绩效评价结果		

表 6-9（续）

编号	主要功能		主要技术	技术趋势
9.3	知识管理能力(11073)			知识具身
9.3.1	管理知识管理项目的生命周期(11099)	程序 · 采用统计过程控制持续降低工艺的变动。 · 将 ISO9001:2008 标准嵌入并能扩展到企业质量管理体系中。 · 运营部门负责所有产品和服务的卓越性、合规性,以及产品和服务的持续性改进		
		过程控制 · 跨职能团队广泛使用各种过程控制和持续改进工具,如六西格玛和精益生产。 · 完善的内部和第三方审核系统可确保知识管理过程的合规性,并以适当的频率改进知识管理流程。 · 全面的知识管理系统用于知识保存、过程与步骤描述,推动价值增值的业务流程再造。 · 全面定义、控制并定期更新对质量和过程至关重要的所有文档。 · 可以及时在线获得最新版本的质量记录。 · 消除知识共享的结构性障碍,企业文化支持知识重用	隐性知识显性化,个体知识企业内部公共化,经验知识科学化,非正式知识正式化	
		流程有效性 · 使用复杂的统计过程控制系统识别和减少知识管理流程的变化。 · 使用质量总成本方法来提高知识管理流程的效率。 · 由客观的第三方机构定期评价知识管理流程的有效性,邀请客户和供应商合作进行流程再造,去除非价值增值部分	(1) 统计过程控制系统; (2) 质量总成本法; (3) 流程再造	流程再造
9.4	变革管理			
9.4.1	维持改进(11137)	质量手册 · 将质量手册作为实用电子文档,管理人员在实际工作中能够看到质量手册,也能口述质量手册的内容。 · 审查、更新和控制质量手册的内容。 · 将质量手册作为产品、运营和服务卓越性的路径图		

表 6-9（续）

编号	主要功能		主要技术	技术趋势
9.4.1	维持改进（11137）	质量政策 · 可视与可口述的管理变革推动实施质量政策、评价与认知进步，以及对卓越的奖励。 · 质量政策能够反映获利性的重要性。 · 所有员工能够充分理解并背诵质量政策。 · 质量政策强调人、流程和结果的持续改进。 · 每个人都有责任对质量政策的成功作出贡献		
		质量计划 · 具有企业战略驱动的质量计划，质量计划是企业的正式文档，并能被员工充分理解。 · 质量计划涵盖销售、服务、产品和运营的所有方面，也包括支持性、辅助性职能。 · 定期审核、更新和完善质量计划。 · 管理人员负责质量计划的落实，并能够测量质量计划是否成功。 · 每个部门根据企业质量计划制订部门质量计划		
		质量部署 · 有端到端的质量管理方法。 · 在所有职能领域均设有质量管理的反馈回路。 · 质量职能部门作为支持组、训练中心、内部的评估组和资源整合组，以最大限度提高盈利能力和客户忠诚度为己任。 · 质量职能部门建议并帮助运作部门实施有效的质量工艺。 · 运营部门向质量职能部门请求质量改进措施与咨询服务	端到端的质量管理方法	
		质量培训 · 在新员工入职培训时启动质量培训。 · 所有员工都接受基础质量技能培训，并熟悉企业的质量政策。 · 基于职位技能和能力要求安排高级质量培训。 · 根据过程、结果、知识测试和客观评价衡量质量培训效果。 · 保留完整的质量培训记录，推动训练的合规性。 · 可以将质量培训的对象扩展到客户和供应商		

表 6-9（续）

<table>
<tr><th>编号</th><th colspan="2">主要功能</th><th>主要技术</th><th>技术趋势</th></tr>
<tr><td>9.4.1</td><td>维持改进（11137）</td><td>沟通——质量
· 具有广泛的双向沟通渠道，允许包括顾客、供应商、员工和社区在内的人员对质量计划进行双向沟通，从而提高客户忠诚度，促进质量计划的改善</td><td></td><td></td></tr>
<tr><td rowspan="3">9.4.2</td><td rowspan="3">持续改进（11137）</td><td>纠偏措施
· 系统自动跟踪问题与投诉，确保对客户和供应商的反馈，以及与客户和供应商的沟通，并提醒员工防范慢性事件。
· 专业的流程再造团队使用数据和质量管理方法预测趋势、阻止以往问题再次发生</td><td rowspan="3">预警技术</td><td rowspan="3"></td></tr>
<tr><td>预防措施
· 通过历史数据、投诉、故障模式分析、流程改进团队、内部客户与供应商的差距分析和其他数据预测可能发生的质量问题。
· 采取措施防止问题发生</td></tr>
<tr><td>持续改进
· 数据与信息推动团队在问题发生之前加以预防，解决并防止现有问题再次发生，并专注于提升流程的卓越性。
· 管理层深度参与质量改进团队的工作，鼓励员工进行流程再造</td></tr>
</table>

第七章 主要结论

本书首先以电子商务市场的产品特征与产品结构研究为起点，发现爆款产品在销售收入与流量引入方面具有重要作用，进而利用案例研究与关联分析等方法探究了与爆款产品成功或失败密切相关的因素；其次，从电子商务消费者特征、电子商务市场竞争特征、电子商务企业特征与电子商务交易环境特征四个方面综述了电子商务市场中买方、卖方及环境对电子商务供应链运营影响的研究；再次，采用案例研究方法，针对韩都衣舍、三只松鼠、御泥坊、IKEA、海尔等 14 家线上企业，提炼电子商务供应链关键共性特征，基于电子商务供应链的理论研究形成电子商务供应链关键共性特征结构；又次，通过文献研究与数理模型分析，得到了支撑供应链关键共性特征的关键共性技术；最后，以电子商务供应链结构、管理流程和功能模块为框架，以供应链管理流程标准为基础，根据电子商务供应链理论研究成果与最佳实践经验形成了电子商务供应链管理流程标准最佳实践与技术趋势。本书的部分结论如下（限于篇幅原因，关于关键共性技术和流程标准，即 8～13，请参阅第四章和第六章）：

(1) 线上产品结构分为“大而全”和“小而精”两种，其中“小而精”的产品结构有利于快速形成线上品牌价值。“小而精”的目的是打造线上爆品，依靠爆款产品的引流作用产生流量溢出效益。

(2) 在爆款产品成功案例中各要素的贡献度排序依次为用户、质量、流量和产品独特性；而失败案例中各要素缺失程度排序依次为产品独特性、创新/流量、便利、用户、质量、品类和成本。

(3) 在爆款产品成功案例中，各要素的关联情况为：① 质量与产品独特性具有双向关联性，且双向支持度与置信度均为 16％和 45％；② 产品独特性蕴含用户的支持度与置信度分别为 16％和 45％；③ 用户蕴含产品独特性的支持度与置信度分别为16%和36%。

(4) 在爆款产品失败案例中,各要素的关联情况为:① 成本蕴含创新的支持度与置信度分别为29%和100%;② 产品独特性蕴含创新的支持度与置信度分别为29%和67%;③ 创新蕴含成本的支持度与置信度分别为29%和50%;④ 创新蕴含产品独特性的支持度与置信度分别为29%和50%。

(5) 爆款产品成功的共有属性是产品独特性、质量和用户;而失败的共有属性是创新、产品独特性和成本。由于产品独特性既出现在成功案例的共有属性集中,又出现在失败案例的共有属性集中,因此,产品独特性很可能是影响爆款产品成功与否的关键属性。

(6) 爆款产品的产生路径:首先,要挖掘大众消费者的关键需求;其次,以高质量、低成本组织供应链生产;再次,通过线上互动和用户口碑促进销售,并通过精准传播、用户参与和事件营销放大口碑效应;最后,通过用户参与不断更新迭代提升产品性价比。

(7) 电子商务供应链的关键共性特征:注重用户意见,重视用户参与创新;生产以小批量和个性化为主;关注用户的重复购买;供应链信息共享,能够实现供应链可视化;生产任务外包;始于代工企业,具有高质量的产能;采用阿米巴组织模式。从现有电子商务成功案例资料中抽取共性特征,按特征的共有程度由高到低分为三个层次:第一层要素包含重视用户参与创新、小批量和个性化运营、关注重复购买;第二层要素包含供应链信息可视化和生产外包;第三层要素包含高质量的生产能力和阿米巴组织模式。从共有特征的功能属性来看,重视用户参与创新和关注重复购买是位于供应链下游企业的市场运营特征;小批量个性化、供应链可视化、生产外包、高质量生产能力属于供应链中间环节的生产运营;阿米巴组织是供应链核心企业的组织模式,属于制度建设范畴。

(8) 电子商务供应链关键共性特征结构:用户参与可以支持个性化与高性价比的市场需求。小批量多品种的快速响应供应链可以解决用户需求及时满足、个性化需求、重复购买的问题;大规模定制的精益供应链可以满足高性价比的需求。供应链可视化是支撑快速反应与精益供应链的基础。

(9) 电子商务供应链关键共性技术1——吸引用户参与创新:识别领先用户,构建用户参与创新的供应链价值创造流程,选择合适的用户参与创新形式,建立便于用户参与创新的信息共享模式。

（10）电子商务供应链关键共性技术2——小批量个性化的快速反应：① 依据观测到的需求预测剩余需求，以供应链利润最大化为判断标准选择首批订货量决策模型，据此形成快速反应供应链的最优订购策略。② 缩短提前期的着力点在缩短最大共享工序调整时间和最大工序加工时间方面。投产顺序按照最大共享工序调整时间最短的顺序安排，就可以缩短生产提前期。

（11）电子商务供应链关键共性技术3——大规模精益定制：① 大规模精益定制的思路是首先基于相似性、重用性和全局性原理，区分相似信息和个性环节；然后利用标准化、模块化和通用化等方法，对各种产品所需的零部件和生产进行标准化和通用化设计；最后产品模块和生产过程模块的修改或组合实现产品差异化。② 大规模精益定制生产的主要任务是将定制点尽可能向最终产品和生产过程的下游移动，产品的标准化模块采用存货生产方式，非标准化零部件采用按订单生产方式。③ 根据工艺柔性和产品特征决策产品差异化延迟策略。

（12）电子商务供应链关键共性技术4——供应链可视化：① 供应链可视化各环节的目标；② 供应链可视化的关键技术主要是基于互联网的信息技术；③ 供应链可视化的关键测量指标涵盖需求可视化、供应可视化和生产可视化。

（13）基于电子商务价值链的供应链管理流程：电子商务价值链的主要环节包括计划、采购、制造、交付和回收，与之相对应电子商务供应链功能模块包括产品开发与管理，市场与销售，产品/服务交付，客户服务管理，人力资源开发与管理，信息管理，财务资源管理，合法性管理，以及知识、改善与变革的管理。

参考文献

[1] 傅禄忠.我国汽车制造业供应链柔性实证研究[D].杭州:浙江大学,2007.

[2] 崔凤阁,李全喜,齐懿冰.不确定条件下供应链的柔性和绩效研究框架[J].企业经济,2012(1):101-104.

[3] 于亢亢,宋华,钱程.不同环境下的供应链运作柔性的绩效研究[J].管理科学,2014,27(1):43-54.

[4] 戴君.供应链环境下N公司的供应链柔性管理优化[D].上海:东华大学,2014.

[5] KO W W J,LIU G,NGUGI I K,et al. External supply chain flexibility and product innovation performance[J]. European Journal of Marketing,2018,52(9):1981-2004.

[6] LEE H L. A triple:a supply chain[J]. Harvard Business Review,2004,82(10):102-112.

[7] CHAN H K,CHAN F T S. Comparative study of adaptability and flexibility in distributed manufacturing supply chains[J]. Decision Support System,2010,48(2):331-341.

[8] 王玲.柔性供应链管理在电商服装行业中的应用研究[J].物流科技,2015(11):124-126.

[9] DELIC M,EYERS D R. The effect of additive manufacturing adoption on supply chain flexibility and performance:An empirical analysis from the automotive industry[J]. International Journal of Production Economics,2020,228:107-119.

[10] DAS S K,ABDEL-MALEK L. Modeling the flexibility of order quan-

tity and lead-times in supply chains[J]. International Journal of Production Economics,2003,85(2):171-181.

[11] CHAN F T S, BHAGWAT R, WADHWA S. Study on suppliers' flexibility in supply chains: is real-time control necessary? [J]. International Journal of Production Research,2009,47(4):965-987.

[12] GOSLING J,PURVIS L,NAIM M M. Supply chain flexibility as a determinant of supplier selection[J]. International Journal of Production Economics,2010,128(1):11-21.

[13] GLIGOR D. Performance implications of the fit between suppliers' flexibility and their customers' expected flexibility: A dyadic examination[J]. Journal of Operations Management,2018,58-59:73-85.

[14] TIWANA A. Do bridging ties complement strong ties? An empirical examination of alliance ambidexterity[J]. Strategic Management Journal,2008,29(3):251-272.

[15] KUO R J,LEE LY,HU T L. Developing a supplier selection system through integrating fuzzy AHP and fuzzy DEA: A case study on an auto lighting system company in Taiwan[J]. Production Planning & Control,2010,21(5):468-484.

[16] YI C Y,NGAI E W T,MOON K L. Supply chain flexibility in an uncertain environment: exploratory findings from five case studies[J]. Supply Chain Management: An International Journal,2011,16(4):271-283.

[17] SRIVASTAVA P,IYER K N S,RAWWAS M Y A. Performance impact of supply chain partnership strategy-environment co-alignment [J]. International Journal of Operations & Production Management, 2017,37(7):927-949.

[18] EKSOZ C,MANSOURI S A,BOURLAKIS M,et al. Judgmental adjustments through supply integration for strategic partnerships in food chains[J]. Omega (United Kingdom),2019,87:20-33.

[19] PRATER E,BIEHL M,SMITH M A. International supply chain agility: tradeoffs between flexibility and uncertainty[J]. International Jour-

nal of Operations and Production Management, 2001, 21 (5/6): 823-839.

[20] HERBON A. Single-versus two-opportunity price postponement and ordering strategies of a seasonal product[J]. Decision Sciences,2018, 49(5):901-931.

[21] LUMMUS R R,VOKURKA R J,DUCLOS L K. A delphi study on supply chain management[J]. International Journal of Production Research,2005,43(13):2687-2708.

[22] SKIPPER J, HANNA J. Minimizing supply chain disruption risk through enhanced flexibility[J]. International Journal of Physical Distribution & Logistics Management,2009,39(5):404-427.

[23] 余祖德.基于电子商务的柔性供应链优化管理研究[J].科技管理研究,2011(5):183-186.

[24] AINHOA U A,MARTIN L K,CARMEN G O,et al. Manufacturing flexibility and advanced human resource management practices[J]. Production Planning & Control: The Management of Operations, 2014,25(4):303-317.

[25] KEMBRO J,NÄSLUND D,OLHAGER J. Information sharing across multiple supply chain tiers:A delphi study on antecedents[J]. International Journal of Production Economics,2017,193:77-86.

[26] KNAPP A-K, HENNIG-THURAU T, MATHYS J. The importance of reciprocal spillover effects for the valuation of bestseller brands:introducing and testing a contingency model[J]. Journal of the Academy of Marketing Science,2014,42(2):205-221.

[27] 唐中君,崔骏夫,唐孝文,等.融合内容分析和关联分析的短生命周期体验品需求特征模式挖掘方法研究[J].中国管理科学,2019,27(11):166-175.

[28] SORENSEN A T. Bestseller lists and the economics of product discovery[J]. Annual Review of Economics,2017,9(1):87-101.

[29] 郑称德,刘秀,杨雪.感知价值和个人特质对用户移动购物采纳意图的影响研究[J].管理学报,2012,9(10):1524-1530.

[30] MARSDEN J R,TUNG Y A. The value of internet commerce to the customer[J]. Management Science,1999,45(4) :533-542.

[31] 金错刀. 爆品战略:39 个超级爆品案例的故事、逻辑与方法[M]. 北京:北京联合出版公司,2016.

[32] 殷哲,付宇佳. 应对线上产品价值不确定的事前与事后联合策略研究[J]. 工业工程与管理,2020,25(1):53-59.

[33] 范丹丹,徐琪,程方正. 考虑退货影响的品牌商 O2O 渠道选择与决策优化[J]. 中国管理科学,2019,27(11):138-148.

[34] 王宣涛,周国林,张玉林. 考虑策略性消费者损失厌恶下的新产品预售与退货策略研究[J]. 系统工程理论与实践,2019,39(6):1479-1486.

[35] 金亮. 退款保证下线上零售商定价与 O2O 渠道策略[J]. 系统工程学报,2019,34(2):226-237.

[36] 张旭梅,金亮. 线上零售商退款保证下供应链定价与合同设计[J]. 预测,2018,37(4):74-80.

[37] 陈志松,方莉. 线上线下融合模式下考虑战略顾客行为的供应链协调研究[J]. 中国管理科学,2018,26(2):14-24.

[38] 王叶峰,田中俊,谢家平. 基于策略性消费者的预售退货策略研究[J]. 管理工程学报,2020,34(1):79-85.

[39] GALLINO S,MORENO A. Integration of online and offline channels in retail:The impact of sharing reliable inventory availability information[J]. Management Science,2014,60(6):1434-1451.

[40] HEITZ-SPAHN S. Cross-channel free-riding consumer behavior in a multichannel environment:An investigation of shopping motives,socio demographics and product categories[J]. Journal of Retailing and Consumer Services,2013,20(6):570-578.

[41] 刘家国,周笛,刘咏梅,等. 搭便车行为影响下制造商渠道选择研究[J]. 系统工程学报,2014,29(6):813-823.

[42] 范辰,刘咏梅,陈晓红. 考虑渠道竞争和消费者行为的 BOPS 定价与服务合作[J]. 系统工程学报,2018,33(3):387-397.

[43] CHEN Y F. Herd behavior in purchasing books online[J]. Computers in Human Behavior,2008,24(5):1977-1992.

[44] 万晓榆,王葶亦,吴继飞,等. 电商平台销量信息对消费者注意力及产品选择的影响[J]. 管理学报,2018,15(6):884-892.
[45] 张爱凤,鲜春兰,官振中. 基于策略性消费者受社交影响的双渠道定价策略[J]. 系统工程,2019,37(1):76-85.
[46] HASHMI A R. Competition and innovation: The inverted-U relationship revisited[J]. The Review of Economics and Statistics, 2013, 95(5):1653-1668.
[47] 郑称德,王倩,刘涴潇,等. 电子商务市场特征对产品创新影响的实证研究[J]. 管理科学,2014,27(6):90-102.
[48] LIU Y. Word of mouth for movies :Its dynamics and impact on box office revenue[J]. Journal of Marketing,2006,70(3):74-89.
[49] 徐兵,张阳. 基于好评返现和差评偏好的体验型产品两阶段定价决策研究[J]. 管理工程学报,2020,34(2):21-29.
[50] 曾慧,郝辽钢,于贞朋. 好评奖励能改变消费者的在线评论吗?:奖励计划在网络口碑中的影响研究[J]. 管理评论,2018,30(2):117-126.
[51] 李磊,宋建伟,刘继. 基于在线评论情感分析的声誉影响效应研究[J]. 管理学报,2020,17(4):583-591.
[52] 曹裕,李青松,万光羽. 在线评论对消费者休闲食品购买决策影响研究[J]. 管理评论,2020,32(3):157-166.
[53] 赵宇晴,阮平南,刘晓燕,等. 基于在线评论的用户满意度评价研究[J]. 管理评论,2020,32(3):179-189.
[54] 胡海清,严建援,许垒. 信息丰富度、采购成本、线上渠道模式对购买行为的影响研究[J]. 管理评论,2012,24(5):80-88.
[55] 张爱凤,鲜春兰,官振中. 基于策略性消费者受社交影响的双渠道定价策略[J]. 系统工程,2019,37(1):80-89.
[56] HUTCHINSON J M. Is more choice always desirable? Evidence and arguments from leks, food selection, and environmental enrichment[J]. Biological Reviews. 2005,80(1):73-92.
[57] VAN ALSTYNE M, PARKER G G, CHOUDARY S P. 6 reasons platforms fail[EB/OL]. (2016-04-01)[2020-12-01]. https://hbr.org/2016/03/6-reasons-platforms-fail.

[58] 张继勋,韩冬梅.网络互动平台沟通中管理层回复的及时性、明确性与投资者投资决策:一项实验证据[J].管理评论,2015,27(10):70-83.
[59] 武淑萍,于宝琴.电子商务与快递物流协同发展路径研究[J].管理评论,2016,28(07):93-101.
[60] 张大斌,杨斯琪,夏有新,等.一种电子商务环境下耐用品的动态定价模型与策略[J].运筹与管理,2016,25(2):190-196.
[61] 吴义爽.能力差异、网络杠杆与平台企业竞争优势的共同演化[J].科学学与科学技术管理,2019,40(10):38-53.
[62] 杨卓凡,石勇.动态市场竞争环境下电子商务企业盈利能力的影响因素研究[J].中国管理科学,2016,24(8):18-27.
[63] 池毛毛,赵晶,李延晖,等.电子商务平台吸附能力的影响机制研究:平台柔性和控制机制的交互效应[J].管理科学学报,2018,21(7):35-51.
[64] 张玲玲,张笑,崔怡雯.基于聚类方法的百度搜索指数关键词优化及客流量预测研究[J].管理评论,2018,30(8):126-137.
[65] 柯林.基于自我调节双系统视角的中国用户跨屏行为研究[D].哈尔滨:哈尔滨工业大学,2017.
[66] ROBERTS P W. Product innovation, product-market competition and persistent profitability in the U. S. pharmaceutical industry[J]. Strategic Management Journal, 1999, 20(7): 655-670.
[67] 赵菊,刘龙,王艳,等.基于电商平台的供应商竞争和模式选择研究[J].系统工程理论与实践,2019,39(8):2058-2069.
[68] 孙书省,浦徐进,韩广华.考虑线下权力结构的制造商线上销售模式选择研究[J].中国管理科学,2019,27(5):119-129.
[69] 李晓静,艾兴政,唐小我.电子商务环境下交叉竞争供应链的渠道策略研究[J].管理学报,2017,14(3):459-465.
[70] HU H Q, TADIKAMALLA P R. When to launch a sales promotion for online fashion product? An empirical study[J]. Electronic Commerce Research, 2020, 20(4): 737-756.
[71] 焦媛媛,付轼辉,周密.社会化媒体情境下用户参与创新研究综述[J].研究与发展管理,2018,30(03):121-132.
[72] GANGI P M D, WASKO M. Open innovation through online commu-

nities[J]. Knowledge Management and Organizational Learning,2008,23(5):199-213.

[73] FUCHS C,SCHREIER M. Customer empowerment in new product development[J]. Journal of Product Innovation Management,2011,28(1):17-32.

[74] CUI A S,WU F. The impact of customer involvement on new product development:Contingent and substitutive effects[J]. Journal of Product Innovation Management,2017,34(1):60-80.

[75] ROBERTS D L,CANDI M. Leveraging social network sites in new product development:Opportunity or hype? [J]. Journal of Product Innovation Management,2014,31(S1):105-117.

[76] 曾江洪,黄向荣,吴号. 众筹中主体互动、价值共创与产品创新[J]. 科研管理,2019,40(11):226-235.

[77] 陶晓波. 面向创新发展的众筹参与度提升对策研究[J]. 中国软科学,2016(9):64-72.

[78] 王玉燕,于兆青. 考虑网络平台服务、消费者需求差异的混合供应链决策[J]. 系统工程理论与实践,2018,38(6):1465-1478.

[79] CHEEMA A,PURUSHOTTAM P. Relative importance of online versus offline information for internet purchases:product category and internet experience effects[J]. Journal of Business Research,2010,63(9):979-985.

[80] PERDIKAKI O,SARAVANAN K,JAYASHANKAR M S. Effect of traffic on sales and conversion rates of retail stores[J]. Manufacturing & Service Operation Management,2012,14(1):145-162.

[81] HSIEH H C,CHEN Y C,LIN H C. More precise:Stores recommendation under O2O commerce[J]. International Journal of Computing and Digital Systems,2014,3(2):91-99.

[82] CHINTAGUNTA P K, CHU J H, CEBOLLADA J. Quantifying transaction costs in online/off-line grocery channel choice[J] Marketing Science,2012,31(1):96-114.

[83] CHOCARRO R,MÓNICA C,VILLANUEVA M L. Situational varia-

bles in online versus offline channel choice[J]. Electronic Commerce Research and Applications,2013,12(5):347-361.

[84] ZHANG J,CHEN H,WU X Z. Operation models in O2O supply chain when existing competitive service level[J]. International Journal of u-and e-Service,Science and Technology,2015,8(9):279-290.

[85] CHEN X,WANG X J,JIANG X K. The impact of power structure on the retail service supply chain with an O2O mixed channel[J]. Journal of the Operation Research Society,2016,67(2):294-301.

[86] 金亮. 退款保证下线上零售商定价与 O2O 渠道策略[J]. 系统工程学报,2019,34(2):226-237.

[87] 王长军,王葛格,邓欣蕾. 考虑产品体验性和渠道整合的实物型产品 O2O 演化仿真研究[J]. 预测,2018,37(3):75-80.

[88] 范丹丹,徐琪,王文杰. 考虑线上线下需求迁移下的供应链 O2O 最优服务决策研究[J]. 中国管理科学,2017,25(11):22-32.

[89] 毛照昉,刘鹭,李辉. 考虑售后服务合作的双渠道营销定价决策研究[J]. 管理科学学报,2019,22(5):47-56.

[90] 严建援,李雅婷. 考虑个性化增值服务的 BOPS 交叉渠道运营研究[J]. 工业工程与管理,2019,24(3):130-138.

[91] 李柏勋,严筱,南雅如. 考虑物流中断成本的线上线下同价与自提渠道策略[J]. 系统工程,2018,36(7):19-29.

[92] 金亮,张旭梅,但斌,等. 交叉销售下“线下体验+线上零售”的 O2O 供应链佣金契约设计[J]. 中国管理科学,2017,25(11):33-46.

[93] 徐琪,高晓晴. 共享库存下双渠道零售商最优订购与转运价格决策[J]. 工业工程与管理,2020,25(1):110-117.

[94] 舒良友,王义宝. 考虑渠道权力结构的 O2O 供应链合作广告策略研究[J]. 工业工程与管理,2020,25(2):146-154.

[95] 经有国,孟月霞. 搭便车行为下双渠道绿色供应链协调机制研究[J]. 工业工程与管理,2019,24(5):72-80.

[96] 陶靖天,李波. 线上平台搭便车效应下 O2O 渠道供应链定价策略研究[J]. 工业工程与管理,2018,23(1):38-44.

[97] 夏西强,曹裕,胡韩莉. 基于公平关切线上与线下销售渠道演化博弈研

究[J]. 中国管理科学,2019,27(9):130-137.
[98] 范定祥,李重莲. 基于产品性价比差异和双渠道商双向公平关切的供应链定价与效用研究[J]. 工业工程与管理,2020,25(4):150-158.
[99] 王旭坪,张珺,易彩玉. B2C 电子商务环境下订单拣选与配送联合调度优化[J]. 中国管理科学,2016,24(7):101-109.
[100] 黎继子,张念,刘春玲. 众包供应链基于 On/Off Line 混合定制设计生产决策模型分析[J]. 中国管理科学,2018,26(11):132-144.
[101] KUMAR A,HOSANAGAR K. Measuring the value of recommendation links on product demand[J]. Information System Research, 2019,30(3):819-838.
[102] 郑称德,刘秀,杨雪. 感知价值和个人特质对用户移动购物采纳意图的影响研究[J]. 管理学报,2012,9(10):1524-1530.
[103] 曲振涛,周正,周方召. 网络外部性下的电子商务平台竞争与规制:基于双边市场理论的研究[J]. 中国工业经济,2010(4):120-129.
[104] 孙鲁平,张丽君,汪平. 网上个性化推荐研究述评与展望[J]. 外国经济与管理,2016,38(6):82-99.
[105] 姚凯,涂平,陈宇新,等. 基于多源大数据的个性化推荐系统效果研究[J]. 管理科学,2018,31(5):3-15.
[106] 陈梅梅,刘利梅,施驰玮,等. 推荐规模对个性化推荐系统用户决策的影响研究[J]. 南开管理评论,2020,23(1):180-188.
[107] YIN R K. Case study research:Design and methods[M]. 5rd Edition. London:Sage Publications,Inc. ,2014.
[108] 毛基业,陈诚. 案例研究的理论构建:艾森哈特的新洞见:第十届“中国企业管理案例与质性研究论坛(2016)”会议综述[J]. 管理世界,2017(2):135-141.
[109] 朱晓红,陈寒松,张腾. 知识经济背景下平台型企业构建过程中的迭代创新模式:基于动态能力视角的双案例研究[J]. 管理世界,35(3):148-162.
[110] PLOWMAN D A,SOLANSKY S,BECK T E,et al. The role of leadership in emergent,self-organization[J]. Leadership Quarterly,2007,18(4):341-356.

[111] 白景坤,张贞贞,薛刘洋.互联网情境下基于平台的企业创新组织机制研究:以韩都衣舍为例[J].中国软科学,2019(2):181-192.

[112] 范秀成,杜琰琰.顾客参与是一把“双刃剑”:顾客参与影响价值创造的研究述评[J].管理评论,2012,24(12):64-71.

[113] CUI A S, WU F. Utilizing customer knowledge in innovation: Antecedents and impact of customer involvement on new product performance[J]. Journal of the Academy of Marketing Science, 2016, 44(4): 516-538.

[114] 车建国.多品种小批量下精益生产系统的改进研究[D].天津:天津大学,2006.

[115] 袁惠莉.服装行业供应链的可视化研究[D].成都:西南交通大学,2012.

[116] 中国物流学会.供应链运作可视化技术研究[EB/OL].(2012-11-02)[2020-12-02]. http://csl.chinawuliu.com.cn/html/19884284.html.

[117] 赵晴晴,刘亮,何曙光,等.供应链可视化测量指标量化模型[J].天津工业大学学报,2018,37(3):83-88.